KB265197

# Senior Ministry Essence

시니어 목회 에센스

# 시니어 목회 에센스

발행일_초판 2024년 10월 21일
발행인_문창국
발행처_사랑마루
편집인_강형규
기획/편집_강영아
미디어_장주한 이재훈 김남선
디자인_권미경 하수진
일러스트_최동호
홍보/마케팅_안용환 육준수
경영지원_조미정

집필_류태우 이우섭
감수_박진숙

▌ 본 교재의 저작권은 기독교대한성결교회에 있습니다. 무단 복제 및 판매를 금지합니다.

도서출판 사랑마루
서울시 강남구 테헤란로64길 17(대치동)
홈페이지 http://www.eholynet.org
등록 2011년 1월 17일  등록번호 제2011-000013호
ISBN_979-11-90459-40-2  03230
가격_12,000원

사랑마루

# 시니어 목회 에센스

기독교대한성결교회 편

사랑마루

제118년차 총회 기간 중에 성결교회 노년교육을 위한 『시니어 목회 에센스』를 발간하게 하신 하나님께 감사와 영광을 드립니다. 『시니어 목회 에센스』는 '초고령사회'를 넘어 '극고령교회'에 진입한 위기의 교회에 의미 있는 목회의 지침과 도움이 될 것입니다.

2024년 7월, 65세 이상 주민등록인구가 천만 명을 넘어서면서 국내 언론사들은 한국사회가 '초고령사회' 진입을 눈앞에 뒀다고 보도 했습니다. 놀라운 것은 우리나라는 2000년과 2018년에 각각 '고령화사회'와 '고령사회'에 진입했는데, 이후 '초고령사회'로의 진입 속도가 너무나 빠르다는 사실입니다. 사실 이러한 변화의 속도는 교회 현장에서도 이미 오래전부터 나타났습니다. 구역장, 남여전도회, 찬양대, 식당·주차봉사 등 사역에 헌신한 주요 구성원들이 급속하게 고령화되어 교회사역에 많은 어려움이 발생하고 있는 것입니다. 이러한 사실은 목회의 새로운 접근의 필요를 부인할 수 없게 합니다. 이러한 때에 기독교대한성결교회 총회는 고령화된 교회를 위한 새로운 목회적 대안으로 노년교육과정을 개발하게 되었고 그 아름다운 결실로 『시니어 목회 에센스』와 『시니어 에센스 워크북』 3권을 출간하게 되었습니다.

특별히 이 일을 위해 수고한 연구자들과 집필자들에게 감사드립니다. 여러 해 동안, 교회에서 임상을 거친 '동안시니어 반' 교육 내용을 교단 노년 교육과정 개발에 공유해주신 동안교회 류태우 담임목사님과 이우섭 교육 목사님께 감사드립니다. 실제 현장에서 효과적으로 운영되었던 '동안시니어 반'의 교육내용이 있었기에 교단에서 『시니어 목회 에센스』와 『시니어 에센스 워크북』 3권을 개발할 수 있었습니다. 또한 공유된 자료를 교재로 출판할 수 있도록 연구하고 집필한 집필자 여러분들에게 감사드립니다. 한 교회의 자료가 아닌 교단과 한국교회가 공유할 수 있는 교재가 된 것은 모두 집필하신 목사님과 전도사님 덕분입니다. 아울러 실무를 맡아 수고하신 총회본부 교육국 직원 여러분께도 감사를 전합니다.

무엇보다 교재 출간에 앞장서신 동안교회 김진만 장로님과 박선희 권사님 내외분께 깊이 감사드립니다. 교단의 노년교육 교재가 출간될 수 있도록 후원하여 주신 것은 한 알의 밀알과 같은 아름다운 헌신으로 『시니어 목회 에센스』와 함께 기억될 것입니다

하나님께서 우리에게 허락하신 생애 속에서, 나이가 든다는 것은 단순히 세월이 흘러가는 것 이상의 의미를 가집니다. 『시니어 목회 에센스』는 노년의 삶이 이름 없이 의미 없게 사라져 가는 것이 아니라, 지나간 삶에 대한 감사와 새로운 소명, 아름다운 소망을 품고 복된 삶을 마무리 하는 은혜의 시간임을 고백하게 합니다. 바라기는 노년교육과정 교재들로 교회 안의 많은 시니어들이 새로운 삶의 도전과 풍성한 삶의 열매를 맺고 복되고 아름다운 삶의 경주를 이어가는 하나님의 자녀들이 되기를 바랍니다. 그리고 많은 교회가 시니어 목회에 관심을 갖고 참여함으로 주님 다시오실 때까지 교회를 통한 아름다운 신앙의 계승이 이루어지길 소망합니다.

기독교대한성결교회 제118년차 총회장
류승동 목사

초고령사회에 앞서 이미 초고령교회를 맞이한 시니어 신앙인들의 영적 돌봄과 성장을 위한 그간의 노력이 이 교재라는 결실로 맺혔다고 생각하며, 참으로 기쁘게 생각합니다. 우리 사회는 노화에 대한 부정적인 이미지를 끊임없이 만들어내고 우리가 부정적인 시각으로 노화와 노인을 바라보도록 다양한 방식으로 속삭이고 있습니다. 노화는 추하다고, 노화에 저항하라고, 노인을 혐오하라고 우리를 부추깁니다. 하지만, 우리 신앙은 노화는 아름답다고, 노화에 순응하라고, 노인을 환대하라고 가르칩니다. 노화에 대한 태도는 신체적이고 심리적인 문제이기에 앞서 영적인 문제입니다. 우리 스스로 세상의 노화문화에 매몰되어 있지 않은지 자신을 돌아보아야 합니다. 세상의 노화문화라는 헌 옷을 벗고 기독교 노화문화의 새 옷을 입어야 합니다.

노화와 상실을 겪는 인생후반부는 슬픔과 절망을 느끼는 시기이기도 하지만, 인생의 그 어느 시기보다도 영적 성장을 위한 최고의 환경이라고 할 수 있습니다. 이 환경을 의미 있게 활용하기 위해서는 노화를 '변화'로 생각하고 노화를 '성화'로 경험할 수 있어야 합니다. 무엇보다도 먼저 노화를 바라보는 시각이 달라져야 합니다. 인생후반부의 삶의 여정에는 상실에 비례하는 획득이 있고, 나이 들어가며 영적 자아정체성이 더욱 뚜렷해질 수 있습니다. 신앙 없는 사람들에게는 중년기 이후의 시기가 인생에서 하향 곡선을 그리는 우울한 시간으로 느껴질 수 있습니다. 하지만, 하나님께서 계획하신 노화의 목적을 분명히 이해하는 시니어 신앙인들에게는 가파른 상승곡선을 그리는 활기찬 시기로 느껴질 수 있습니다. 그리고 자신의 모든 노화 경험에서 깊은 의미를 발견할 수 있습니다. 그럴 때 '나이 들어가는 일'이 '거룩해져 가는 일'로 변할 수 있습니다.

그런데, 신앙 안에서 이루어지는 새로운 나이듦의 여정이 나이 들어간다고 해서 저절로 이루어지는 것은 아닙니다. 신앙생활의 경력이 길다고 해서 영적 자동운항이 이루어질 수는 없습니다. 영적 훈련이 필요합니다. 신앙 안에서 노화에 대한 태도를 바꾸고, 하나님이 계획하신 인간 노화의 선하신 뜻과 목적을 깨닫고, 소명의식 안에서 나이를 잊고 살아가도록, 그래서 신앙 안에서 늘 젊고 활기차게 살아갈 수 있도록 도와주는 시니어 영적 훈련 교재가 필요합니다. 본 교재는 이러한 영적 훈련을 위한 적절한 길잡이라고 생각합니다. 많은 교회가 노년기에 필요한 복지와 영성 중 복지에 좀 더 무게를 두는 것을 보며 안타깝습니다. 교회의 시니어를 위한 프로그램들이 시니어 신앙인들이 소명의식에 기초하여 활기찬 노년을 보내며 영적 감흥이 풍성해지도록 이끌어 갈 수 있기를 소망합니다. 모쪼록 이 교재가 시니어 신앙인들의 영적 "젊음 충만(youthfulness)"을 위한 활력소가 되길 바랍니다!

감리교신학대학교 기독교심리상담학,<br>
한국영성노년학연구소 소장<br>
김기철 교수

"젊은 자의 영화는 그의 힘이요 늙은 자의 아름다움은 백발이니라(잠 20:29)."

성경은 자주 노년을 존경하며, 긍정적이고, 아름답게 묘사합니다(창 15:15; 25:8, 레 19:32, 삿 8:32, 대상 29:28, 시 92:14-15, 잠 16:31). 이는 단순히 오래 살았기 때문이 아니라, 머리가 희어질 때까지 오래 살면서 하나님을 경외하고 그의 계명을 성실히 지키며, 하나님의 정직하심과 은총을 증언하는 사명을 다하며 살았기에 노인을 존경하고 복되게 여긴다고 한 것입니다. 물론 성경에는 상황에 따라 불의하고 비대하며 우둔한 노년도 언급하고 있습니다.

유감스럽게도 현재 우리가 노년을 바라보는 시각은 성서의 긍정적인 모습과는 매우 다릅니다. 오래도록 노인은 대체로 쇠약하고 생산력이 없으며, 새로운 변화에 적응이 어려운 도태된 모습으로 인식되어 왔습니다. 은퇴 이후, 사회적 관계 등에서도 밀려나기 때문에 노인 스스로도 소외감과 우울감에 빠져 뒷방에 머무는 경우가 태반이었습니다. 때문에 대한민국이 2025년부터 고령화사회로 진입한다는 소식은 우리사회에 상당한 염려와 걱정을 전해주고 있습니다. 더 안타까운 것은, 사회적으로는 고령화사회로 진입하는데 교회는 벌써 고령교회라 볼 수 있다는 것입니다.

이에 한국 교계는 노년목회의 필요성을 절감하며 서둘러 여러 연구와 목회자료를 제시하고 있습니다. 고령화를 체감한 일부 교회들은 이미 노인돌봄목회로 전환한 경우도 많이 있습니다. 그러나 노년을 연약한 존재, 돌봄의 대상으로만 여겨서는 부족합니다. 여전히 생산과 소비의 주체로 살아가는 활기차고 활동적인 젊은 노년(YOLD)이 증가하고 있고 노년을 바라보는 사회적인 시선도 점차 변화하고 있기 때문입니다.

교회는 노년 성도에 대해 비전을 가져야 합니다. 활기차고 지혜롭고 노련한 노년 성도들을 다시 교회의 귀한 자원으로 일으킬 비전입니다. 이들을 다시 하나님이 주신 소명으로 눈 뜨게 할 비전입니다. 하나님 나라에 대한 소망을 준비시켜 다음세대에게 신앙으로 전승하도록 깨우는 비전입니다. 이것이 노년목회의 핵심이 되어야 할 것입니다.

이 책『시니어 목회 에센스』와『시니어 에센스 워크북 1-3』은 노년목회의 비전과 임상, 노인복지 현장의 경험 등이 응축된 한 새로운 도전입니다. 이 책은 고령화교회들에게 노년목회의 기반을 세우고, 시니어 성도를 세우는 노년목회의 실제적인 지침이 될 것입니다.

성결교회 노년교육과정은, 제118년차 총회가 '생애주기별 교육과정' 연구와 교재발간을 선포한 후의 첫 과정입니다. 모쪼록 바라기는 성결교회가 다양한 상황별 성도의 필요와 요구에 응답하는 사역을 안내하는 일에 계속하여 성실하게 헌신하길 기도합니다.

"…우리의 하는 일이 견실하게 하여 주십시오(시 90:17 하반절, 새번역)!"

기독교대한성결교회 교단총무

문창국 목사

# 초고령교회는 교회의 위기인가? 기회인가?

현재 대한민국을 대표하는 사회문제들에는 어떤 것들이 있을까요?

소득불평등, 청년실업 문제, 주택문제, 외국인노동자와 다문화 갈등, 안보문제, 정치적-이념적 대립 등을 꼽을 수 있을 것입니다. 그런데 그 어떤 것보다 심각한 문제는 다름 아닌 저출산과 고령화입니다. 이 문제에 대한 경고음은 이미 오래전부터 울리고 있었습니다. 지난 정부들이 나름대로 대책을 내놓고 대응해 왔지만 안타깝게도 대한민국의 출산율은 그 유례를 찾아보기 어려울 정도로 계속 하락하고 있고, 인구 고령화로 인한 우려는 점점 커지고 있습니다.

행정안전부는 2024년 7월 10일 기준으로 65세 이상 주민등록 인구를 1,000만 62명으로 발표했습니다. 이것은 전체 주민등록 인구인 5,126만 9,012명의 19.51%를 차지하는 숫자입니다. 초고령사회는 전체 인구 중에 65세 이상 인구가 차지하는 비율이 20% 이상인 사회를 말하는데, 한국은 당초 통계청이 전망한 2025년보다 앞당겨진 2024년에 초고령사회로 진입했습니다. 주목해야 하는 점은 이 고령화의 속도가 OECD국가 중에서 가장 빠르다는 것입니다. 이런 추세라면 10년 뒤에는 65세 이상 고령층이 지금보다 51% 증가할 것으로 예상된다고 합니다.

이처럼 빠른 고령화가 진행되는 것은 우리나라의 기대수명이 꾸준하게 증가하고 있기 때문입니다. 한국인의 기대수명은 2000년도에 76세, 2010년에는 80.2세였는데, 2020년에는 83.5세로 나타나고 있습니다. 최근 50년의 통계를 보면 기대수명이 무려 21.2년이나 늘어났습니다. 기대수명이 늘었다는 것은 은퇴 이후 노년의 삶이 점점 길어지고 있다는 뜻입니다. 그렇다면, 이런 현실 속에서 한국 교회는 무엇을 준비하고 있을까요? 사실, 농어촌 지역의 교회에서는 이미 초고령교회가 현실이 되었습니다. 구성원 대부분이 시니어인 곳이 많습니다. 도시 교회들이라 할지라도 예외는 아닙니다. 65세 이상의 시니어들이 점점 많아지고 있다는 것은 부인할 수 없는 사실입니다. 한국교회는 우리 사회보다 더 일찍 고령화를 맞이하였고, 현재도 더 빠른 속도의 고령화를 경험하고 있습니다.

교회에 시니어가 많아진다는 것은 여러 가지 면에서 우려되는 부분들이 있습니다. 우리 사회도 고령화될수록 실제 노동인구가 감소합니다. 마찬가지로 교회 안에서도 각 분야에서 활발하게 사역할 수 있는 성도들이 줄어든다는 의미입니다. 시간은 멈추지 않고 흐르기 때문에 시니어들의 노환이나 사망을 막을 수는 없습니다. 가만히 있어도 교회의 사역 동력은 줄어들게 된다는 것입니다. 또한 교회의 재정문제도 무시할 수 없는 불안 요소입니다. 교회는 성도들의 헌금을 자원으로 삼아서 다양한 일들을 진행하고, 건물과 차량의 유지·관리와 같은 운영시스템을 유지할 수 있습니다. 그런데 시니어들의 은퇴는 교회의 중요한 자원인 헌금에도 영향을 줄 수밖에 없습니다. 일반적으로 은퇴는 가계 경제력의 축소를 의미하기 때문입니다. 게다가 이미 오랜 기간 이어지고 있는 고금리의 여파까지 더해지고 있습니다. 그동안 활발하게 선교활동이나 지역사회를 위한 구제활동을 펼쳐왔던 교회들도 시니어들의 은퇴와 건강문제 등으로 인한 재정난을 겪을 가능성이 점점 커지고 있는 것입니다.

이런 문제들만 바라보면 교회의 고령화는 확실한 위기입니다.

그렇다면 문제를 위기로 인식하고 난 다음에 우리가 해야 할 일은 무엇일까요? 바로 그 문제를 어떻게 극복할 수 있을지 대안을 수립하는 것입니다. 교회의 역사는 고난과 시련을 극복한 역사입니다. 오늘날의 한국교회는 수많은 믿음의 선배들이 흘린 피와 땀, 눈물로 세워졌습니다. 지금 예배당을 지키고 있는 시니어들의 기도와 헌신으로 인해서 각 교회가 성장할 수 있었습니다. 씨를 뿌리는 이들이 없었다면 열매도 없는 것이 당연합니다. 따라서 교회를 개척하고 성장시켜 온 시니어들을 존경하고 잘 섬기는 것은 신앙의 후배들이 해야 할 마땅한 일입니다. 더 나아가 이분들을 사역의 중요한 축으로 삼아야 할 중요한 때가 바로 지금입니다. 위기를 위기로만 보지 말고 새로운 기회로 삼아야 한다는 뜻입니다.

필자가 섬기는 교회는 서울시 강동구에 자리 잡고 있습니다. 서울임에도 불구하고 부임했던 5년 전과 비교해 보았을 때 65세 이상의 시니어들이 점점 많아지고 있음을 체감하고 있습니다. 전통적으로 교회의 성도들은 70세가 되면 대부분 맡고 있던 사역을 내려놓곤 했는데, 몇 년 전부터 이러한 시스템을 계속 유지해야 하는지 의문이 들었습니다. 왜냐하면, 요즘 70대의 시니어들은 과거와 비교했을 때 신체도 건강하고 여전히 활발하게 일을 하거나 자신의 분야에서 활동하는 분들이 많아졌기 때문입니다.

액티브 시니어(Active Senior)라는 말이 있습니다. 이전 노인 세대와는 다른 생각과 가치관을 가지고 활기차게 살아가는 노인들을 지칭합니다. 이들은 숫자로 표현되는 자신의 나이에 구애받지 않습니다. 자신의 나이를 실제보다 젊게 인식하거나, 젊음을 유지하기 위해 열심히 관리를 하는 시니어들도 많습니다. 목회데이터연구소의 조사 결과에 따르면, 71세 이상 고령 성도 절반(50%)이 "건강이 허락되는 한 교회 사역을 적극적으로 하고 싶다"라고 답했다고 합니다. 따라서, 필자는 70세 이상의 교인들을 기존의 사역에서 배제하지 말고 그분들의 자유의사에 따라 열심히 섬길 수 있는 자리를 마련해야 한다고 생각합니다. 더 나아가 시니어 전문 사역자를 세우고, 시니어들을 위한 새로운 사역들과 다양한 프로그램들을 만들어야 한다고 생각합니다.

필자는 현재 담임하고 있는 교회에서 변화를 위한 시도를 계속해 오고 있습니다. 그 중의 하나가 주일 오후 시간에 진행되는 성경공부와 소그룹(목장) 모임입니다. 기존에는 주일 오후 2시에 예배를 드렸습니다. 그러던 중 코로나19 사태를 겪게 되었고, 소그룹의 활성화를 위한 새로운 변화를 모색하게 되었습니다. 많은 논의와 고심 끝에 팬데믹 말미인 2년 전부터는 오후에 모이던 예배 시간을 대신해, 한 주일은 소그룹 모임을, 또 다른 한 주일은 성경공부를 진행해 오고 있습니다. 처음 성경공부 모임을 준비하면서 동역하는 목사님들과 함께 더 효과적인 방안을 찾고자 지혜를 모았습니다. 담임 목회자가 전체 성도를 대상으로 강의를 하기보다는 더욱 짜임새가 있고 대상에 따른 특색이 반영된 성경공부 시간이 되기를 원했기 때문입니다. 그 결과, 다음과 같은 세 개의 클래스를 나누어 운영하게 되었습니다. 첫 번째 반은 담임 목회자가 목자 부부를 대상으로 하여 소그룹 리더모임인 '목자반'을 운영하고, 두 번째 반은 다른 부목사님이 3~40대의 젊은 성도들을 중심으로 다른 주제의 성경공부를 진행하기로 하였습니다. 그리고 이때에 처음으로 시도한 것이 교회 안의 시니어들을 대상으로 하는 '시니어반'이었습니다.

이러한 변화에 대하여 성도님들에게 충분히 설명드렸고, 이후 몇 주간의 광고를 거쳐서 드디어 시니어반을 포함한 세 개의 클래스를 진행하게 되었습니다. 막상 시작해 보니 예상한 대로 긍정적인 반응들이 곳곳에서 나오기 시작했습니다. 성경 자체만을 텍스트로 삼아왔던 기존의 성경공부 형태가 아니라 시니어들이 겪고 있는 노년의 삶을 주제로 진행되었기 때문입니다. 그동안 교회에서 들어볼 수 없었던 실제적인 내용과 프로그램을 만난 시니어들의 만족도가 상당히 높았습니다. 1기 과정을 다 마치고 난 후에 한 권사님은 "교회가 우리 같은 노인들에게도 많은 관심을 가지고 있다는 느낌을 받아서 감동적이었고 강의 시간마다 큰 도전을 받았다"라고 말했습니다. 또 다른 권사님은 "수업 중에서 '소명에는 은퇴가 없다'라는 말을 들었는데 이 문장이 느슨해졌던 우리 부부의 신앙생활에 경종을 울려주는 것 같았다. 이제 끝까지 하나님의 소명을 다하려 다짐했다"라고 고백을 하기도 했습니다. 그리고 어떤 분은 자신의 나이는 아직 50대이지만 어머니를 위해서 관심을 가지고 참여했는데, 이 시간을 통해서 많은 위로를 받았다고 말씀해 주셔서 너무 감사했습니다. 무엇보다 참여했던 시니어들의 표정이 전반적으로 밝아지고 활기가 생기는 것을 보면서 '이 사역이 정말로 필요하구나!'라는 확신을 품게 되었습니다.

1기 모임이 끝나고 각 성경공부 클래스가 약 두 달 동안의 방학 기간을 갖게 되었습니다. 이 방학 기간에 담당 목사님에게 1기와는 다른 내용의 2기 과정을 인도할 수 있겠냐고 조심스럽게 물어보았습니다. 다행히도 1기와는 또 다른 알찬 내용들을 준비하여 진행할 수 있었습니다. 처음 진행했던 1기는 시니어들이 자신의 '과거'를 돌아보고 성경적인 노화에 대해 생각해 보도록 강의를 중심으로 진행이 되었던 반면에, 2기에는 시니어들이 자신들의 '현재'를 충실하게 살아갈 수 있도록 독려하는 내용으로 진행되었습니다. '내 인생의 사진관', '내 영혼의 건강검진', '꿈의 조각 모음', '소명의 자리를 찾아서', '지금까지 지내온 것' 등의 강의 제목으로 활동적인 실습 프로그램이 포함된 교육과정을 진행했습니다. 2기를 마치고 나서 담당 목사님에게 다음 계획을 물어보았을 때 3기도 계획하고 있다고 해서 무척 감사했습니다. 가장 최근에 진행된 3기에서는 시니어들의 '미래'를 소망의 관점으로 건강하게 준비할 수 있도록 '치매 전문가 초청 강연', '법적 효력이 있는 유언장 작성', '상속과 증여', '사회 환원과 기부', '영적 유산 남기기', '웰다잉'과 같은 주제들을 다루었습니다.

한 명의 사역자로 시작했던 '동안 시니어반'이 이제는 전도사님 두 분을 포함한 세 명의 사역자가 함께 머리를 맞대고 동역하는 모습으로 발전하였습니다. 다소 투박하게 시작한 시니어 목회 프로그램이었지만 회차를 거듭하면서 조금씩 다듬어지고, 교육과정으로서의 면모를 점차 갖추어가고 있음에 큰 보람을 느낍니다.

처음 기획하는 과정에서 이런 이야기를 한 적이 있습니다.

"동안 시니어반 프로그램들을 잘 만들고 운영해서 이 내용을 우리 지방회에도 알리고, 더 나아가 우리 교단에도 소개할 수 있었으면 좋겠습니다."

그런데 놀랍게도 그 말이 현실이 되었습니다. 뒤돌아보면 시니어반을 시작할 수 있었던 것은 하나님께서 주신 전적인 타이밍이었습니다. 필자가 섬기는 교회는 큰 교회가 아님에도 불구하고 시대가 요구하는 사역에 새롭게 도전할 수 있었다는 사실도 놀라운 하나님의 은혜입니다. 처음 성경공부 클래스를 시작하기 전에 두 분의 목사님들과 협의하는 과정에서 시니어반에 대한 걱정과 우려가 먼저 떠오른 것은 어쩌면 당연한 일이었습니다. 건강, 나이, 인생 경험, 경제력이나 삶의 모습들까지 너무도 다른 여러 명의 시니어를 한곳에 모아서 그분들에게 맞는 주제의 성경공부를 진행한다는 것은 필자도 잘 모르는 영역이었기 때문입니다. 한 마디로, 필요성은 인식하고 있었지만 '어떻게?'라는 물음에 쉽게 대답할 수 없었습니다. 그런데 감사하게도 우리 교회에는 그 분야의 적임자가 있었습니다. 시니어 목회에 대해 오래 전부터 관심을 가지고 연구하면서 구체적인 준비를 해 온 목사님이 있어서 큰 도움이 되었습니다. 틈틈이 관련된 세미나에 참석하기도 하고, 필요한 도서들을 구입하는 등 시니어반을 운영하는 데 도움 될 만한 것들을 모두 교회에서 적극적으로 지원하였습니다. 또한 시니어 사역에 대해서 깊이 공감해 주시는 당회원들과 원로장로님, 권사님들께서도 보태주신 전폭적인 지지와 큰 힘도 빼놓을 수 없습니다.

동안 시니어반은 가능성을 확인한 작은 사례입니다. 앞으로 초고령교회는 분명히 늘어날 것입니다. 이를 위해서 시니어 사역을 전문적으로 감당할 수 있는 사역자들이 더욱 많이 필요합니다. 그리고 각 교회의 상황과 환경에 맞는 다양한 프로그램들이 개발되어야 합니다. 예를 들어, 시니어들을 위한 소그룹을 강화 시키는 프로그램들을 개발할 필요가 있습니다. 시니어들은 자신들을 위한 소그룹이 있으면 참여할 의향이 굉장히 높습니다.

물론 많은 교회들이 고령의 성도들을 나이별로 묶어서 '남·여전도회'를 조직하곤 합니다. 하지만 이름만 있을 뿐 실제로 이분들을 위한 교육과정이나 시니어 사역을 전담하는 사역자가 없이 연중 몇 번의 헌신 예배나 위로 행사만을 진행하는 교회들이 대부분입니다. 앞으로는, 시니어 소그룹을 인도할 수 있는 시니어 리더들을 먼저 세우고, 그들을 통하여 각각의 시니어 소그룹에 맞는 돌봄과 교육이 가능한 시스템을 갖추어야 합니다. 이 소그룹 내에서 진실한 삶의 나눔과 소명의식을 고취할 수 있고, 서로를 돌보아 주는 사랑과 헌신을 회복한다면 교회의 역동성은 크게 달라질 것입니다.

지난 코로나19 팬데믹이라는 초유의 상황을 겪으면서 확실히 드러난 사실 중의 하나는 소그룹이 든든하고 공동체성이 확실한 교회는 전혀 흔들리지 않고 오히려 부흥했다는 사실입니다. 목회데이터연구소의 연구결과에 따르면, 향후 성장하는 교회는 소그룹이 활성화되는 교회라는 통계발표가 있습니다. 앞으로 점점 늘어나는 시니어들에게 각 교회가 큰 관심을 가지고 이들이 사역에서 소외되지 않도록 노력해야 합니다. 더 나아가 시니어들이 사역의 주체가 될 수 있도록 성경적인 가치관과 실생활에 도움이 되는 배움, 그리고 나눔의 기회를 제공하는 것이 앞으로의 목회를 좌우하는 열쇠가 될 것으로 생각합니다.

동안교회에서 시도했던 작은 도전들이 한국교회가 직면한 초고령화 위기를 극복하고, 다시 한번 한국교회 부흥의 불씨를 틔우는데 작게나마 소용되기를 소망합니다.

동안교회 담임 류태우 목사

# PART A

1장

## 시니어 사역을 위한 "지피지기(知彼知己)"

초고령사회를 알아야 합니다

시니어를 알아야 합니다

거룩한 나이듦을 알아야 합니다

시니어를 위한 신앙공동체의 역할을 알아야 합니다

시니어 목회적 관점에서 우리 교회의 상황을 알아야 합니다

# 시니어 사역을 위한 "지피지기(知彼知己)"

## 초고령사회를 알아야 합니다

본 도서에서는 노인 및 노년 성도를 '시니어(Senior)'라는 단어로 표기하였습니다. 이 단어에는 '연장자'나 '상급자'라는 사전적 의미가 있습니다. 이 점에 착안하여 '인생의 후배들에게 삶의 지혜를 전하는 존경받는 노년'이라는 의미와 '거룩한 나이듦을 소망하는 목회 대상으로서의 노년 성도'를 의미하는 말로 이 단어를 사용했습니다.

출처. 김준영. (2024. 7. 11.). '초고령사회' 현실로 다가왔다..."5명 중 1명이 노인". YTN.

여러분은 주변에 시니어가 많아졌다는 것을 체감하시나요?

TV나 인터넷, 뉴스 등을 통해서 2025년이면 대한민국이 '초고령사회'가

될 것이라는 이야기를 많이 들어보셨을 것입니다. 그렇다면 초고령사회는 어떤 사회를 말하는 걸까요?

초고령사회는 한 사회의 전체 인구 중 65세 이상의 고령 인구가 차지하는 비율이 20% 이상인 사회를 말합니다. 초고령사회가 되기 전에는 '고령화사회'와 '고령사회'라는 단계를 거치게 됩니다. 전문가들은 각 단계를 다음과 같이 정의하고 있습니다.

**고령화사회(Aging Society):**
65세 이상의 고령 인구가 전체 인구의 7% 이상인 사회
**고령사회(Aged Society):**
65세 이상의 고령 인구가 전체 인구의 14% 이상인 사회
**초고령사회(Super-Aged Society):**
65세 이상의 고령 인구가 전체 인구의 20% 이상인 사회

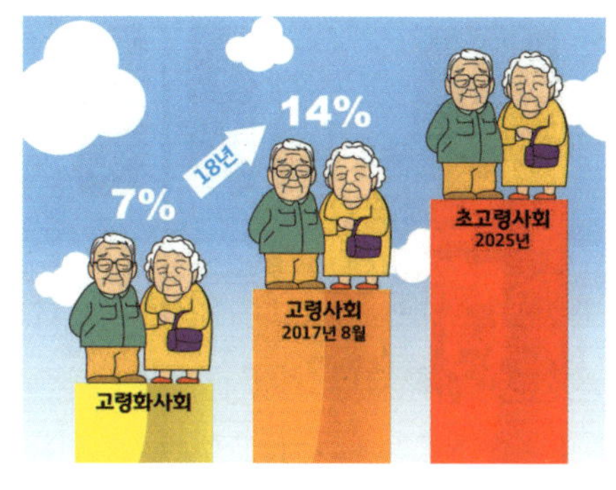


2024년 기준 대한민국 인구 약 5,175만 명 가운데 시니어 인구는 1,000만 명을 넘어섰습니다. 대한민국은 빠른 속도로 초고령사회로 다가가고 있습니다. 통계청이 발표한 '2023 고령자 통계'에 따르면 우리나라 고령 인구는 2025년 20.6%, 2035년에는 30%, 2050년에는 40%를 넘어설 것으로 예상합니다.

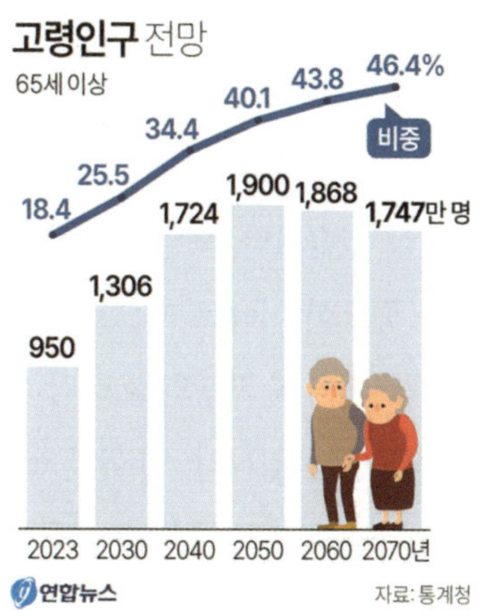


출처. 원형민, 안예지. (2023. 9. 26.). 고령인구 전망. 연합뉴스.

　이러한 통계 수치가 아니더라도 우리는 삶 속에서 대한민국의 빠른 고령화를 체감할 수 있습니다. 출퇴근 시간이 지나고 기차역에 가거나 지하철, 버스를 타면 시니어들이 눈에 많이 뜨입니다. 유치원이나 어린이집이 사라지고 그 자리에 시니어들을 위한 주간 돌봄 센터가 생기는 경우도 종종 보게 됩니다. 병원에 가면 대기하는 환자 중에 적지 않은 수가 시니어입니다. 그리고 무엇보다 교회 안에 시니어들이 많이 늘어나고 있으며 이러한 현상은 지방이나 농어촌 지역으로 갈수록 두드러지게 나타납니다.

출처. 공익광고협의회. (2025). 출산장려–이런 모습, 상상은 해보셨나요?. 한국방송광고진흥공사.

　인구의 고령화는 우리나라만 겪고 있는 현상은 아닙니다. 옆 나라인 일본을 포함하여 중국, 대만, 홍콩 같은 아시아 국가들이 비슷한 상황으로 고민하고 있습니다. 독일과 이탈리아, 스페인, 그리스 같은 유럽에서도 고령화가 중요한 이슈로 떠오르고 있습니다. 그러나 인구문제 전문가들이 유독 대한민국의 고령화를 심각하게 진단하는 이유는 따로 있습니다. 바로 그 속도 때문입니다. 아래의 표와 같이 대한민국은 세계적으로도 유례를 찾아볼 수 없을 만큼 빠른 속도로 인구 노화가 진행되는 나라입니다.

## 주요 국가별 인구고령화 속도

| 구분 | | 고령화사회<br>(7%) | 고령사회<br>(14%) | 초고령사회<br>(20%) | 인구 고령화 속도<br>(고령화▶고령▶초고령) |
|---|---|---|---|---|---|
| | 한국 | 2000년 | 2018년 | 2025년 | 24년 |
| | 일본 | 1969년 | 1994년 | 2004년 | 34년 |
| | 독일 | 1932년 | 1972년 | 2008년 | 75년 |
| | 캐나다 | 1945년 | 2010년 | 2024년 | 78년 |
| | 이탈리아 | 1927년 | 1988년 | 2007년 | 79년 |
| | 미국 | 1942년 | 2014년 | 2029년 | 86년 |
| | 영국 | 1929년 | 1975년 | 2025년 | 95년 |
| | 프랑스 | 1864년 | 1979년 | 2018년 | 153년 |

출처. 통계청_2023 고령자 통계

그렇다면 대한민국이 이렇게 빠르게 늙어가고 있는 이유는 무엇일까요? 여러 가지 원인이 복합적으로 작용하고 있지만 가장 대표적인 원인은 크게 다음의 3가지로 꼽아볼 수 있습니다.

**첫 번째 원인. 의학기술과 의료복지의 발전으로 인한 사망률의 감소**

14세기, 중세를 휩쓸었던 흑사병으로 인해 약 7,500만 명 이상의 사람들이 사망하였습니다. 이는 당시 유럽 인구의 3분의 1에 해당하는 엄청난 숫자였습니다. 산업화가 본격적으로 시작된 1800년대에는 콜레라가 유행하여 약 1,500만 명이 희생되었고, 1918~1920년도에는 스페인독감(인플루엔자 A형 바이러스의 변형인 H1N1 바이러스)이 유행하면서 단기간이었음에도 약 5,000만 명의 사람들이 목숨을 잃었습니다. 이와 같은 심각한 감염병 사태가 있을 때마다 의학계는 이를 해결하기 위한 여러 노력으로 크고 작은 변화를 시도했습니다. 또한 공중위생의 개념이 정립되면서 깨끗한 공기와 음식, 물에 대한 환경개선도 이루어져 감염병에 희생되는 사람들이 점차 줄어들게 되었습니다.

1928년 스코틀랜드의 생물학자인 알렉산더 플레밍(Alexander Fleming)은 위대한 발견을 하였습니다. 바로 페니실린의 발견입니다. 이를 계기로 인류는 전염병과 맞서 싸울 수 있는 대항력을 갖추게 되었습니다. 이후 100여 년 동안 의학과 의료 기술은 그야말로 눈부신 발전을 거듭해 왔습니다. 질병의 예방과 진단, 그리고 치료와 관련하여 혁신적인 기술들이 쏟아졌습니다.

그 결과 인간의 수명은 획기적으로 연장되었습니다. 의학과 의료 기술의 발전은 지금, 이 시각에도 계속되고 있습니다. 특별히 지난 코로나 팬데믹을 겪으면서 전 세계는 하나 되어 질병과 맞서 싸우기 위해 노력했습니다. 이러한 노력으로 이전과 비교할 수 없을 만큼 단시간 내에 백신을 개발하는 성과를 보이기도 했습니다.

의학과 의료 기술의 발전에 더하여 특별히 우리나라의 의료수준과 의료복지는 많은 나라들이 부러워하는 수준입니다. 소위 선진국이라고 하는 나라에서도 몸이 아플 때 병원에 가서 신속하고 저렴하게 진료받기 힘든 경우가 빈번합니다. 반면에 '아프면 병원에 가야지!'라는 말이 대한민국에서는 무척 당연한 말입니다. 몇몇 도서산간 지역을 제외하고는 어느 지역에서도 1시간이면 병원에서 의사를 만나 진료를 받을 수 있습니다. 동네 병의원이라 하더라도 일정 수준 이상의 의료장비를 갖춘 곳이 많습니다. 각 진료과목별로 전문의료진의 진료를 받을 수 있고 약품도 손쉽게 구입할 수 있습니다. 게다가 국민 대부분이 건강보험을 통해 의료비 혜택을 받고 있기에 경제적인 부담도 다른 국가에 비해서 매우 낮은 수준입니다. 이처럼 수준 높은 의료서비스를 가깝게 이용하다 보니 과거에 비해 평균수명이 크게 늘어났습니다. 1970년대 62세이던 기대수명은 2022년에는 82세로 약 20년이나 늘어났습니다.

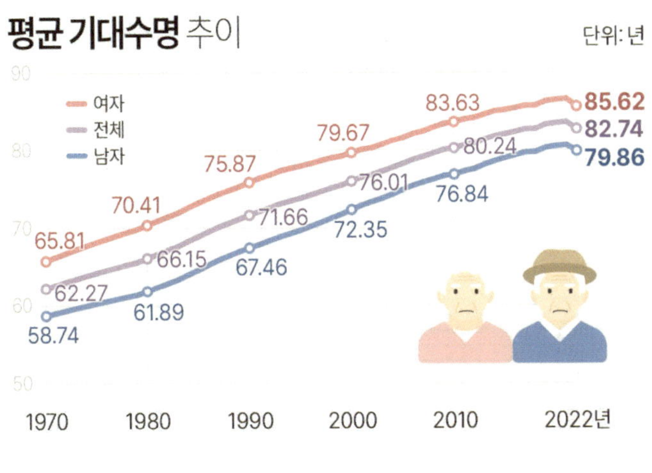


출처. 이재윤. (2022. 7. 26.). 평균 기대수명 추이. 연합뉴스.

　의학과 의료 기술의 발전을 통해 건강한 상태로 노년을 보낼 수 있는 여건이 갖추어지기도 했지만, 한편으로는 병이 있어도 사망에 이르지 않고 병상에 누워 오랜 시간 생명을 유지하게 되는, 이른바 '유병장수(有病長壽)'의 시대가 되기도 했습니다. 그러다 보니 무조건 오래 사는 것이 아니라 어떻게 오래 잘 살 수 있는지에 대한 관심이 높아지고 있습니다. 건강하게 나이 들고 마지막 순간까지 고통없이 살기 위해서 다양한 정보를 찾아보는 시니어들이 점차 많아지고 있습니다. 건강에 대한 우리나라 사람들의 관심은 그 어느 나라에 비교해도 뒤처지지 않을 만큼 높은 수준입니다. 매일 아침에 방송되는 TV 프로그램마다 건강에 관한 정보들이 거의 빠지지 않고 나오고 있습니다. 유튜브나 블로그 등 스마트폰을 통해 건강에 관련된 정보가 홍수처럼 제공되기 때문에 대다수 국민들은 평균 이상의 의학적 지식을 가지고 있는 편입니다.

이렇게 대한민국의 선진화된 의료체계와 건강에 대한 국민적 관심이 기대수명을 빠르게 높여 이른바 '100세 시대'를 바라보게 되었습니다.


### 두 번째 원인. 베이비부머 세대의 노년기 진입

'베이비붐(Baby boom)'은 말 그대로 폭탄이 터지듯 출산율이 급증한다는 말입니다. 주로 전쟁 직후에 평화가 찾아오면서 사람들이 자녀들을 많이 낳는 사회현상을 가리킵니다. 미국의 경우 1945년 2차 세계대전 종전 후 출생한 이들이 여기에 해당합니다. 일본에서는 '덩어리'라는 뜻의 '단카이 세대(団塊の世代)'라고 불리는데, 1947년부터 1949년 사이에 태어난 약 800만 명 이상의 사람들을 의미합니다.

우리나라의 베이비부머 세대는 1955년부터 1963년 사이에 태어난 세대를 지칭합니다. 한국전쟁이 끝나고 난 후, 대한민국은 본격적인 재건의 시기를 맞이하게 되었습니다. 이 시기에 경제가 급성장하면서 출생률 또한 가파르게 상승하였습니다. 대한민국의 경제 성장을 주도한 주역들이 바로 이 시기에 태어난 베이비부머 세대입니다. 소위 '한강의 기적'이라고 말하는 대한민국의 눈부신 발전기에서 베이비부머 세대들은 양질의 노동력 제공과 강력한 소비자의 역할을 담당했습니다.

특별히 1960년대에서 1970년대에 이르러 교육 수준이 빠르게 향상되었고, 이러한 교육열을 타고 농촌을 떠나 대도시로 몰리는 도시화, 산업화가 진행되면서 한국 사회의 구조가 크게 변화되었습니다. 이 과정에서 베이비부머 세대는 사회적 변화에 가장 큰 중심축이었을 뿐만 아니라 민주화 운동과 같은 정치적 변화, 그리고 문화, 예술, 스포츠 등 전 분야에 걸쳐 막강한 영향력을 행사했습니다.

오늘날 바로 이 세대들이 60대 후반에서 70대 초반에 진입하고 있습니다. 대한민국의 인구 피라미드 가운데 가장 두터운 블록을 형성하고 있는 베이비부머 세대가 통계상 노년에 해당하는 연령으로 진입했다는 것은 당분간 대한민국의 고령화 속도를 가속시킬 가장 큰 요인이 된다는 것입니다. 또한 베이비부머 세대는 그 윗 세대인 산업화 세대와는 뚜렷하게 구분되는 특성을 보이고 있기에 노년기에 대한 패러다임을 빠르게 변화시키고 있습니다. 이 부분에 대해서는 이후 자세하게 살펴보도록 하겠습니다.

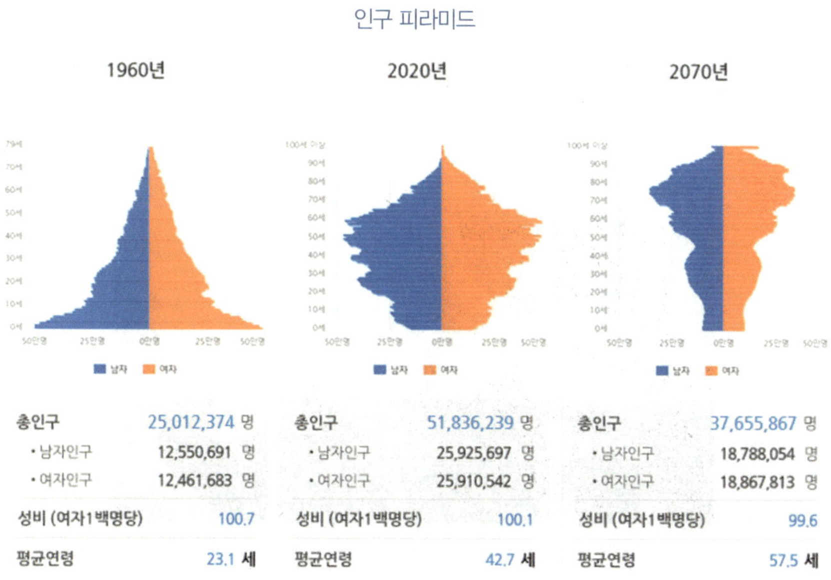


출처. 통계지리정보_대한민국 인구 피라미드(1960년, 2020년, 2070년)

## 세 번째 원인. 세계 1위의 저출산율

대한민국의 출산율은 앞에서 살펴본 베이비부머 세대의 등장 이후 꾸준히 하향곡선을 그려왔습니다. 2023년 기준 대한민국의 출산율은 0.72명이었습니다. 이는 경제협력개발기구(OECD) 회원국들의 평균치인 1.51명(2022년 기준)의 절반에도 못 미치는 수준이고, 전쟁 중인 우크라이나(1.16명 추정)보다도 훨씬 낮은 출산율입니다. 최근 60년 사이 OECD 회원국의 출산율은 3.34명에서 1.51명으로 반 토막이 났습니다. 대한민국의 출산율은 어떨까요? 6명에서 0.7명대로 거의 8분의 1토막이 났습니다.

얼마 전 한 TV 프로그램에서 어느 외국인 교수가 두 손으로 머리를 감싸 쥐며 "대한민국 망했네요!"라고 말했던 인터뷰 장면이 사람들에게 회자 된 적이 있습니다.

바로 캘리포니아 대학의 조앤 윌리엄스(Joan. C. Williams) 교수입니다. 그녀는 한 언론과의 인터뷰에서 "정말 충격적이다. 큰 전염병이나 전쟁 없이 이렇게 낮은 출산율은 처음 본다."라고 말하면서 이러한 숫자는 국가비상사태와 다름이 없다고 진단했습니다.

출처. 빈정현, 신현주. (2023. 7. 13.) 다큐멘터리 K-인구대기획 초저출생 10부. EBS.

초고령화 비율은 전체 인구를 기준으로 하여 65세 이상 인구의 비율로 정해지기 때문에 평균값을 낮추는 역할을 하는 젊은 세대, 특별히 신생아의 비율이 지속적으로 감소하고 있는 경향은 통계적인 인구 고령화 수치에 매우 큰 영향을 줄 수밖에 없습니다.

일본의 인구문제 전문가인 야마사키 시로(Shiro Yamazaki)는 한 강연에서 "저출산이 마침내 송곳니를 드러내기 시작했다."라고 말했습니다. 저출산은 이미 오래전부터 시작되었지만, 그 영향이 본격화되는 것은 어느 정도 시간이 지난 지금부터라는 의미입니다. 그가 말한 저출산의 송곳니로 인해 발생할 피해는 매우 심각합니다. 가장 먼저는 노동력을 제공해야 할 경제인구가 감소하는 것을 의미합니다. 동시에 노동력을 통해 생산된 물건과 서비스를 구매할 소비자가 감소하는 것을 의미합니다. 공급과 수요의 불균형은 시장의 위기와 붕괴를 초래할 수 있습니다.

그리고 한 가지 더 중요한 문제가 있습니다. 고령화로 인해 스스로 생활을 유지하기 어려운 시니어들이 급증하는 시점이 곧 다가오는데, 이들을 도와줄 돌봄 인력이 턱없이 부족해진다는 점입니다. 이는 외로움과 고독의 문제와도 연결되며 가족문제, 도시문제로 확산될 수 있다는 점을 주목해야 한다고 그는 지적했습니다.

또한 이러한 피해를 가장 먼저 보게 될 희생양은 서울이나 도쿄 같은 큰 도시가 아니라 지방의 소도시들이라고 경고했습니다. 실제로 전라도, 경상도, 강원도, 충청도 내에 있는 소도시들은 저출산과 고령화에 더하여 대도시로의 지속적인 인구 유출로 인해 도시가 사라질 위기인 이른바 '지방소멸'의 벼랑 끝에 내몰리고 있습니다.

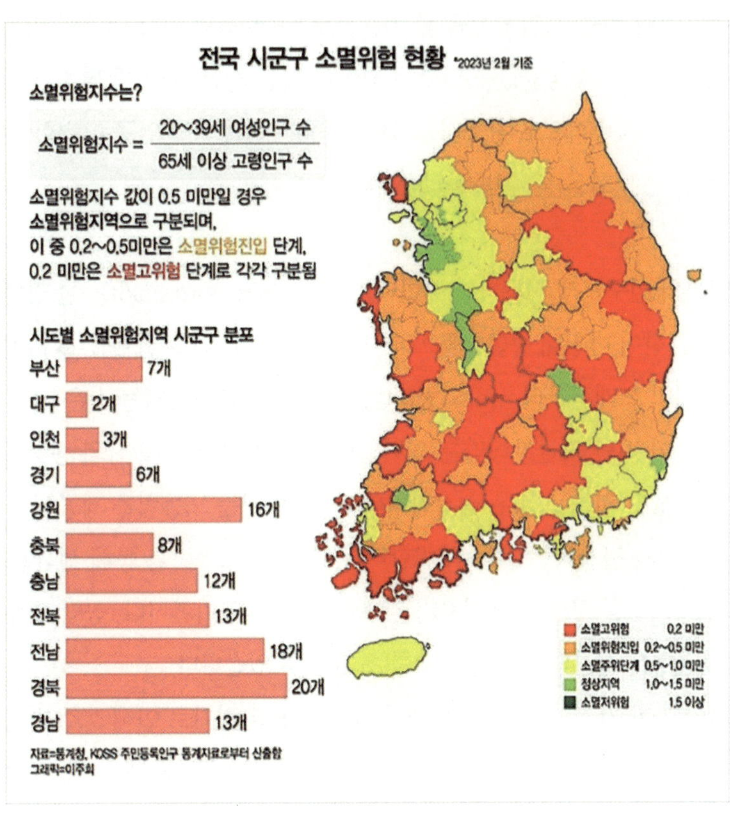

출처. 이미정, 이주희. (2023. 8. 4.) 지방소멸 아닌 '지역재생' 어때요?. 시사위크.

## 불편한 2관왕, 노인 빈곤율 1위, 노인 자살률 1위

이상에서 살펴본 원인들로 인해 대한민국은 지구상에서 노인 인구가 가장 빠르게 늘어나는 나라 중 하나가 되었습니다. 우리가 주목해야 할 점은 이처럼 급격한 인구 고령화는 그에 따른 여러 가지 문제를 동반한다는 사실입니다. 대표적인 것이 바로 노인 빈곤율입니다. 우리나라의 노인 빈곤율은 OECD 국가들 가운데 가장 높습니다. 2023년 11월 OECD에서 발표한

「한눈에 보는 연금 2023(Pensions at a Glance 2023)」에 따르면, OECD 평균이 14.2%인데 대한민국은 이보다 3배가량 높은 40.4%입니다. 비록 이러한 통계가 소득을 기준으로 한 것이라 보유자산은 고려하지 않은 통계임을 감안한다 하더라도 대한민국의 노인 빈곤율은 매우 심각한 편입니다. 한 마디로 집과 땅은 있지만 당장 오늘 하루 먹을 것이 없는 노인들이 늘어나고 있다는 의미입니다.

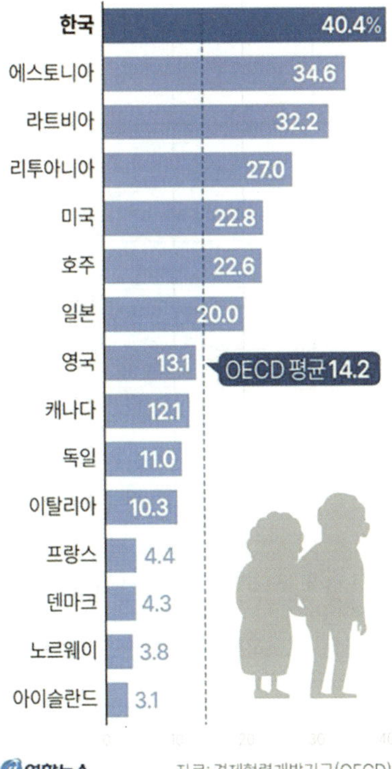


출처. 오진송, 김민지. (2023. 12. 19.) 76세 이상 2명 중 1명은 '가난'…노인 빈곤율 또 OECD 1위. 연합뉴스.

이러한 노인 빈곤율의 심각성은 '노인 자살률 세계 1위' 라는 참담한 결과로 증명되고 있습니다.

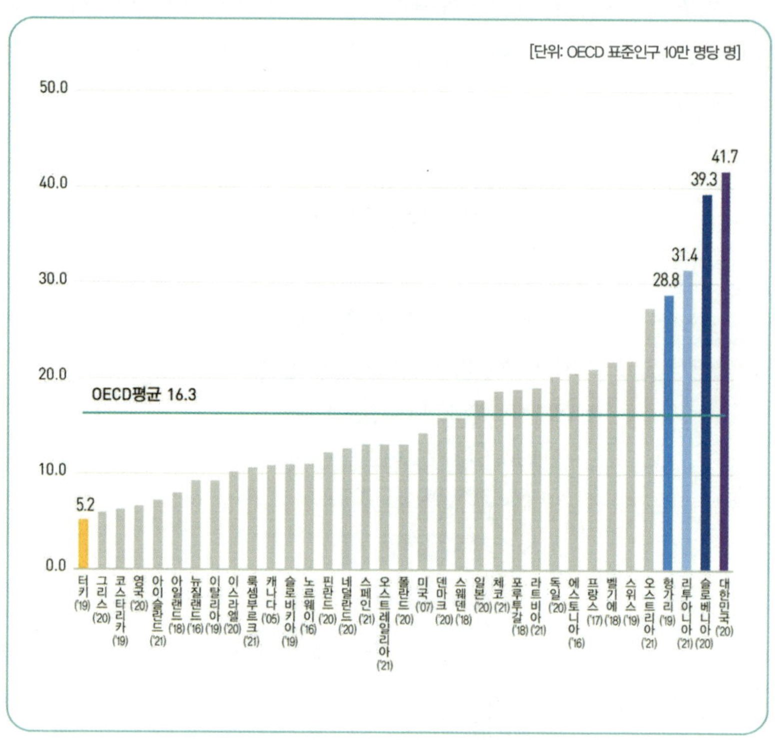


출처. 한국생명존중희망재단, 2023 자살예방백서

우리나라에서 65세 이상 노인의 연간 자살자 수는 약 4천 명에 달합니다. 이는 하루에 대략 11명 정도의 노인이 스스로 목숨을 끊는다는 뜻입니다.

최근 연도 기준 OECD 회원국 노인 자살률의 평균은 16.3명입니다. 한국은 41.7명(2020년)으로 1위이며, OECD 평균보다 2.6배 높습니다. 성별로는 남성 자살률이 여성보다 높았고 원인으로는 건강문제와 경제적 이유가 가장 큰 것으로 나타났습니다.

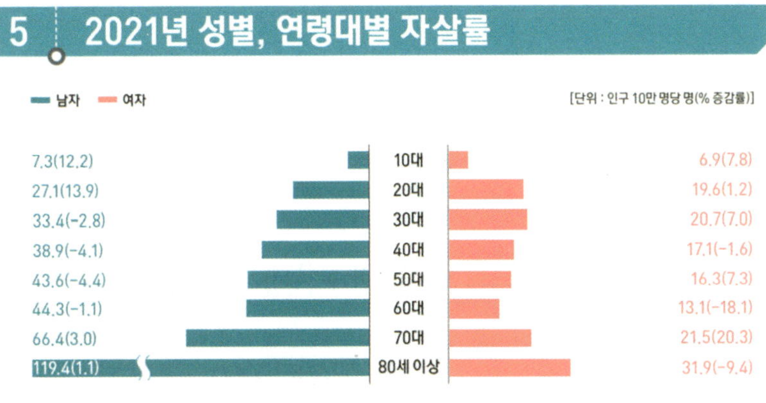



출처. 통계청, 2020~2021년 사망원인통계

## 깊고 짙은 그늘, 고독과 우울

특히 혼자 사는 노인의 경우 가족과 함께 사는 노인들에 비해 치매나 우울증에 더욱 취약할 수밖에 없습니다. 과거에는 한 지붕 아래에서 많은 식구들이 함께 살았습니다. 그러나 오늘날에는 과거와 달리 가족들이 모여서 살지 않고 각자 가구를 구성하는 '1인 가구' 시대가 되었습니다. 학업이나 취업과 같은 뚜렷한 목적을 가지고 혼자 사는 이들도 늘어났지만, 이혼이나 사별 등으로 홀로 남게 된 1인 가구도 급증했습니다. 후자의 경우는 노년층에서 그 비율이 훨씬 높게 나타납니다. 이로 인한 고독의 문제와 우울증을 겪는 노인들이 크게 늘어나고 있습니다. 은퇴를 한 이후에 사회적 역할이 축소되거나 하루아침에 직위를 상실하게 되면 공허함이나 자괴감을 느끼게 됩니다. 배우자와 사별하거나 가깝게 지내던 친지, 지인들의 부고장을 연거푸 받다 보면 '다음은 내 차례인가?' 하는 절망감과 두려움을 느끼기도 합니다. 몸이 자꾸 말을 듣지 않고 여러 가지 질병으로 아픈 곳이 늘어나게 되면서 의료비의 지출이 눈덩이처럼 커지기도 합니다. 이러한 노년기의 문제들이 복합적으로 뒤섞여 고립감과 자괴감을 크게 증가시키는데 이것이 치매와 우울증으로 이어지기도 합니다.

출처. 차민주. (2023. 10. 10.). 노인 우울증 처방 작년 74만명… 5년째 가파른 증가세. 국민일보.

　건강보험심사평가원(심평원)에서 발표한 '2018~2022년 65세 이상 약품 처방 현황'에 따르면 2022년 65세 이상 노인 중 항우울제 계열인 SSRI(플루옥세틴, 파록세틴, 설트랄린, 에스시탈로프람)와 SNRI(벤라팍신, 둘록세틴, 데스벤라팍신)를 처방받은 인원(중복 포함)이 74만 3,000명에 이르는 것으로 나타났습니다. 2022년 65세 이상 노인 인구 약 901만 8,000명 중 8.2% 가량이 우울증 약을 처방받은 것으로, 우울증이 이미 노년의 주요 질병이 됐다는 것이 전문가들의 분석입니다. 그래프에서 보는 것처럼 항우울제 처방은 5년 연속 증가세를 보이고 있습니다. SSRI와 SNRI 외에 TCA도 항우울제로 널리 사용되는 점을 고려하면 실제 항우울제를 처방받은 노인 인구는 더 많을 것으로 추정됩니다.


초고령사회(Super-Aged Society),
그리고 극고령교회(Ultra-Aged Church)


이와 같이 노후에 겪는 경제적인 어려움과 우울, 불안, 절망, 고립감 등으로 사회적인 문제들이 발생하고 있습니다. 오늘날보다 더 빨라질 고령화 속도로 인해서 우리가 미처 예측하지 못했던 더 큰 숙제들이 앞으로 우리에게 주어질지도 모릅니다. 그래서 어떤 이들은 초고령사회를 말할 때 '위기'라는 단어를 사용합니다. 지금까지 인용했던 많은 통계와 그래프의 숫자들은 하나같이 대한민국이 처한 '위기'를 보여주고 있습니다.


그런데, 이 대목에서 우리가 한 번 짚어보아야 할 것이 있습니다. 바로 한국교회의 상황입니다. 대한민국은 이제 노인 인구 20%의 초고령사회에 진입했지만, 한국교회는 20%의 허들을 이미 오래전에 넘어섰습니다. 목회데이터연구소의 자료에 따르면 2023년 기준 60세 이상의 비율은 약 33%이고, 불과 10년 뒤에는 이 숫자가 약 50%까지 늘어날 것이라고 합니다. 이러한 통계자료보다 실제 목회현장에서 체감하는 고령화의 현실은 더욱 심각하지 않나요? 지방의 작은 도시나 농어촌교회에서는 시니어 성도가 60~70%에 달하는 곳도 있습니다. 실제로 목회데이터연구소에서 2022년도에 조사한 바에 따르면 한 교단에 소속된 영남지역 교인들을 조사한 결과 농어촌교회의 60대 이상 교인이 89%로 집계되었습니다.

### ◎ 농어촌교회 60대 이상 교인 89%!

- 농어촌교회 교인들의 연령층은 70대 이상이 62%로 가장 많았고, 그 다음은 60대(27%)이다. 40대 이하는 1%였는데, 이는 젊은이들이 농어촌교회에 없음을 실감하는 데이터이다. 전체적으로 60대 이상 고령층이 농어촌교회 교인 10명 중 9명(89%)으로 농어촌교회의 고령화를 여실히 보여주고 있다.
- 농어촌교회 교인들의 주 직업군은 80%가 '농업'이라고 응답했는데, 농어촌교회 교인 5명 중 4명(80%)은 농업에 종사하는 셈이다.

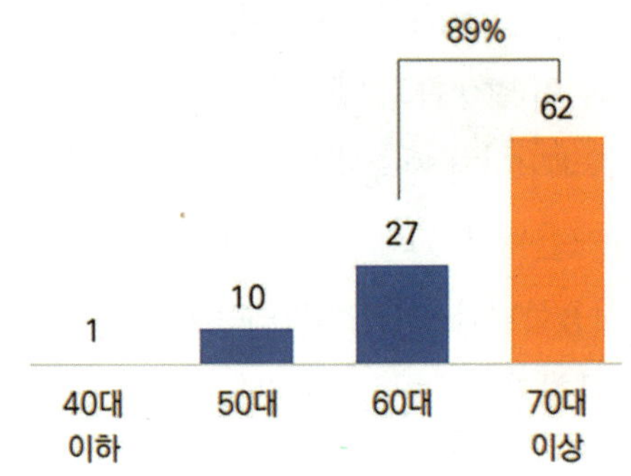

교인들의 연령분포 (%)



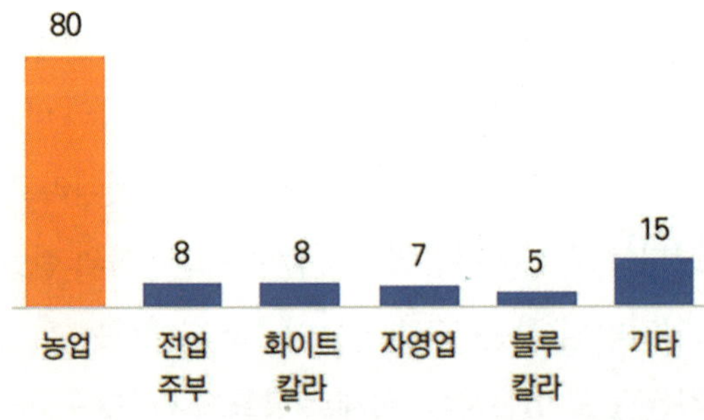

교인들의 주 직업군(중복응답, 상위 5위, %)**



출처. 목회데이터연구소. (2022. 4. 26.) 넘버즈 리포트 141호, "코로나19 이후 농어촌교회 현황"

지역에 따라서는 목회자가 가장 고령인 교회들도 있습니다. 단순히 '초고령'이라는 말로는 설명이 부족한 상황입니다. 초고령을 넘어서는 극고령 집단이 바로 교회입니다. 숫자로만 살펴보았을 때 한국교회는 정말로 큰 위기가 아닐 수 없습니다.

## 절망인가 기회인가

그러나 위기는 언제나 기회라는 이면을 동반하고 있음을 기억해야 합니다. 현실을 직시하고 정확하게 분석한 후에 앞서 대처하면 위기를 기회로 바꿀 수 있는 전화위복(轉禍爲福)이 됩니다.

이 대목에서 요셉의 모습이 떠오릅니다(창 41장). 요셉은 바로의 근심거리였던 꿈을 풀어서 설명해 주는 것에 그치지 않았습니다. 하나님이 주신 지혜를 통해 다가올 위기를 정확하게 진단하였습니다. 더 나아가 그 위기를 극복할 수 있는 대안도 제시하였습니다. 이 요셉의 모습이 우리가 본받아야 할 삶의 자세이자 행동의 모본(模本)입니다.

가장 먼저 해야 할 것은 초고령시대의 주인공인 노년 세대에 대해서 정확하게 살펴보고 잘못된 오해와 편견이 있다면 이를 바로잡아야 합니다. 시니어 성도들이 중심세대가 되는 극고령교회도 다양한 변화를 통해서 얼마든지 새로운 부흥을 경험할 수 있음을 살펴보겠습니다.

# 시니어를 알아야 합니다

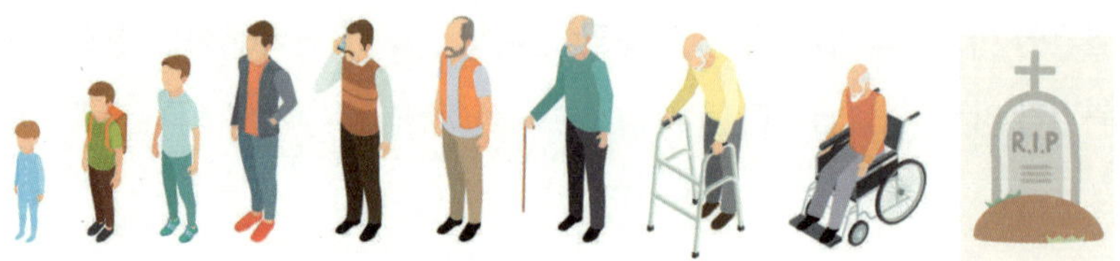

## 누구에게나 찾아오는 노화

모든 사람은 아기로 태어나서 성장을 합니다. 우리는 일상에서 이러한 성장의 과정을 '나이가 들어간다'라고 표현합니다. 그리고 이 나이듦의 과정 안에 '노화'라는 현상이 포함되어 있습니다. 노화의 사전적인 의미는 다음과 같습니다.

노화 (老化) :
명사) 질병이나 사고에 의한 것이 아니라 시간이 흐름에 따라 생체 구조와 기능이 쇠
　　퇴하는 현상

사전적인 의미처럼 노화의 원인은 바로 '시간의 흐름'입니다. 따라서 사람마다 개인적인 차이는 있겠지만 그 누구도 이 노화를 완전히 피해 갈 수는 없습니다. 세월이 가면 모든 인간이 자연스럽게 상실하게 되는 것들이 있습니다. 신체의 기능과 상태가 가장 대표적입니다. 시력과 청력이 감소하고, 피부의 탄력이 줄어듭니다. 근력도 사라집니다. 자극에 대해 반응하는 순발력도 무뎌집니다.

노화로 인한 상실에 대해서 전도서 기자는 매우 구체적으로 묘사하고 있습니다(전 12:3~7, 새번역).

3 그 때가 되면, 너를 보호하는 팔이 떨리고, 정정하던 두 다리가 약해지고, 이는 빠져서 씹지도 못하고, 눈은 침침해져서 보는 것마저 힘겹고,

4 귀는 먹어 바깥에서 나는 소리도 못 듣고, 맷돌질 소리도 희미해지고, 새들이 지저귀는 노랫소리도 하나도 들리지 않을 것이다.

5 높은 곳에는 무서워서 올라가지도 못하고, 넘어질세라 걷는 것마저도 무서워질 것이다. 검은 머리가 파뿌리가 되고, 원기가 떨어져서 보약을 먹어도 효력이 없을 것이다. 사람이 영원히 쉴 곳으로 가는 날, 길거리에는 조객들이 오간다.

6 은사슬이 끊어지고, 금그릇이 부서지고, 샘에서 물 뜨는 물동이가 깨지고, 우물에서 도르래가 부숴지기 전에, 네 창조주를 기억하여라.

7 육체가 원래 왔던 흙으로 돌아가고, 숨이 그것을 주신 하나님께로 돌아가기 전에, 네 창조주를 기억하여라.


노화로 인해 겪게 되는 상실이 건강이나 신체적인 것에만 국한되는 것은 아닙니다. 맡았던 일(자리)에서 물러나게 되면서 경제적인 상실과 사회적 지위의 상실도 함께 경험하게 됩니다. 사랑했던 자녀들이 떠나가면서 빈 둥지 증후군(Empty nest syndrome)을 겪기도 합니다. 배우자나 가족, 친구들과 사별을 하면서 친밀했던 관계가 상실되기도 합니다. 자신감, 만족감, 성취감 등이 줄어드는 정신적, 심리적 상실도 노화의 과정에서 대표적으로 나타나는 현상입니다.


## 낡은 노령 담론과 65세라는 기준


어느 고등학교에서 학생 180명을 대상으로 '노인' 하면 생각나는 단어를 조사하였습니다. 그리고 그 결과를 워드클라우드로 정리했더니 다음의 그림과 같이 나왔습니다.

출처. 남해타임즈. (2019. 10. 28.) 남해해성고 "당신의 청춘을 들려주세요". 남해시대.

가장 크게 보이는 단어들은 질병, 죽음, 지팡이, 꼰대, 고령화 순입니다. 그 밖에도 치매, 주름 등의 단어가 눈에 들어옵니다. 대체로 노인은 '몸이 아프고, 불쌍한 존재, 혹은 문제투성이'라는 인식이 반영되었음을 알 수 있습니다. 한 고등학교에서 조사한 결과라 대표성을 가질 수는 없겠지만 시니어에 대한 젊은 세대들의 인식이 그다지 긍정적이지 않다는 것을 조심스럽게 예측해 볼 수 있습니다. 정말로 시니어는 우리 사회가 감당해야만 하는 나약한 존재이고 다음세대에게 짐만 되는 존재일까요? 시니어에 대한 이러한 부정적인 인식은 어디에서부터 출발했을까요?

고려대학교 고령사회연구센터에서 펴낸 『2022 대한민국이 열광할 시니어 트렌드』에서는 시니어에 대한 이러한 인식을 '낡은 노령 담론'이라고 표현하고 있습니다. 이 책에 따르면 우리나라뿐만 아니라 세계적으로 65세 이후의 삶에 대한 이미지는 정형화되어 있다고 합니다.

'노인은 가련하다.'
'일을 잘하지 못하고 몸도 아프다.'
'은퇴하고 연금이나 받으면서 근근이 살아가야 한다.'

사람들이 이러한 인식을 갖게 된 출발점으로 1800년대 중후반 사이 서구 의학계에서 나온 의견에 주목할 필요가 있습니다. 바로 '생명력을 다 소진하면 늙게 된다'라는 견해입니다. 인간의 가치를 생산성과 노동력에 무게를 두었던 이러한 생각은 1909년 등장한 노인의학과 1914년에 출간된 노인의학 교재를 거치면서 1930년 무렵에 완결되어 일반 대중의 뇌리에 '노인'은 낡고 쓸모가 없는 존재라는 고정관념이 자리 잡게 되었다고 이 책은 말합니다.

노인들 역시 낡은 노령 담론에 잠겨 있는 경우가 많습니다. 이것은 노인의 마음에 상처가 되기도 합니다. 실제로 노인 중 다수가 나이듦에 대한 두려움을 가지고 있으며 그로 인해 절망하고 있습니다. 헨리 나우웬(Henri J. M. Nouwen)과 월터 개프니(Walter J. Gaffney)가 쓴 『나이 든다는 것 Aging: The Fulfillment of Life』이라는 책에서는 이러한 부분을 노인의 '자기 상실(loss of self)'이라고 표현했습니다. 즉 주변 사람들과 사회만이 노인을 배척하는 것이 아니고, 노인 자신도 자기를 거부하고 있다는 것입니다. 낡은 노령 담론에 매여 있는 노인들은 자신을 '바람직하지 못한 존재'로 여기며 스스로를 소외시킵니다. 낡은 노령 담론은 우리 모두가 극복해야 할 편견입니다.

또한 지금도 사용하고 있는 노인 연령의 기준점인 65세에 대해서도 많은 논란이 있습니다.

서울시가 발표한 '2022년 노인 실태조사'에 따르면 서울시민이 생각하는 노인의 기준 연령은 평균 72.6세로 집계되었습니다.

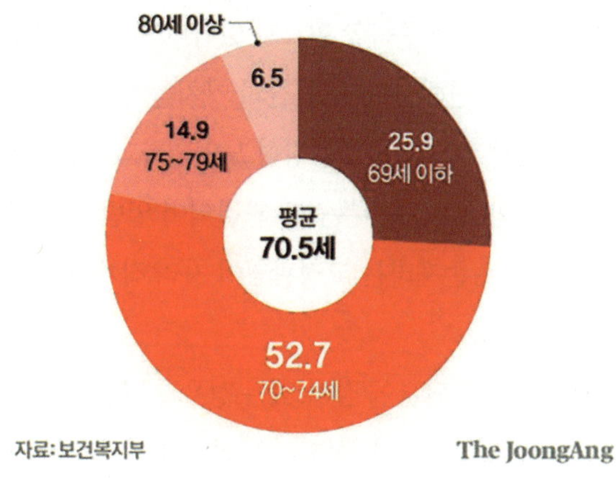



출처. 김영희, 정종훈. (2024. 1. 30.) '무임승차 공약에…"늙었단 체감 안 돼" 노인 연령 상향도 불붙나. 중앙일보

보건복지부가 조사한 '65세 이상 노인이 생각하는 노인 연령 기준(2020)'에서도 가장 높은 응답률인 52.7%가 70~74세가 노인 연령으로 적합하다고 대답했습니다. 그렇다면 현실과 이렇게 차이가 나는 65세라는 기준은 언제, 어디에서부터 시작된 것일까요?

역사를 거슬러 올라가 보면, 독일의 수상이었던 오토 폰 비스마르크(Otto von Bismarck)가 1889년에 세계 최초로 연금보험을 도입하면서 수

급연령을 70세로 정했다가 이것이 1916년에 이르러 65세로 낮아진 것이 기원이라고 합니다.

출처. 위키피디아, https://ko.wikipedia.org/wiki/오토_폰_비스마르크

이 당시 독일 인구의 기대수명이 40세 남짓이었던 것을 감안하면 65세는 확실한 고령이었음을 알 수 있습니다. 이후 UN이 1950년대부터 고령 지표를 산출할 때 이 65세 이상을 기준점으로 삼았고 많은 국가가 이를 채택하였다는 것이 통설입니다. 100년도 훨씬 지난 과거의 노인 연령 기준을 오늘날도 세계의 여러 국가들이 사용하고 있는 셈입니다. 시대의 변화에 따라 노인 연령 기준을 올리자는 논의는 이미 여러 차례 시도되었습니다. 하지만 아직까지는 65세 기준을 그대로 사용하고 있습니다. 사실 우리나라의 각 사회보장제도에서 적용하는 노인 연령의 기준도 55세에서 65세까지로 일정하지 않습니다. 하지만 대부분의 기준이 국민들이 생각하는 70~74세 나이와 비교해보았을 때에는 많은 차이가 있는 것을 알 수 있습니다.

# 노인 연령 기준 현황

| 구분 | 내용 | 연령 기준 |
| --- | --- | --- |
| 사회보장 | 주택연금 | 55세 |
| | 농지연금(노후생활안정자금) | 60세 |
| | 노인일자리사업 | 60세/65세 |
| | 국민연금(노령연금) | 65세(2033년 기준) |
| | 기초연금 | 65세 |
| | 노인장기요양보험 | 65세 |
| | 경로우대제도 | 65세 |
| | 노인맞춤돌봄서비스 | 65세 |
| 고용 | 고령자 정의 | 55세 |
| | 근로자 정년 | 60세 |

자료:국회입법조사처                    The JoongAng

출처. 김영희, 정종훈. (2024. 1. 30.) '무임승차 공약에…"늙었단 체감 안 돼" 노인 연령 상향도 불붙나. 중앙일보

## 9988234? OPAL? YOLD?

시니어 세대와 관련된 신조어들이 유행하고 있습니다. 우리는 이러한 신조어들을 통해 시니어 세대에 대한 사회적인 통념을 엿볼 수 있습니다.

9988234라는 말을 들어보셨나요? 요즘 시니어들 사이에서 농담인 듯, 진담인 듯 주고받는 말입니다. '99세까지 88하게 살다가 2일만 아프고 3일째에 죽는다(4).' 라는 뜻입니다.

출처. 장익재, 최재형. (2016. 12. 1.) 평균 와병 기간 9.1년…현대인들의 현실. SBS.

마지막 순간이 오기 직전까지 건강한 상태를 유지하면서 활기넘치고 팔팔하게 살고 싶어하는 요즘의 노년 세대들을 가리키는 신조어입니다.

그리고 'OPAL(오팔)세대'라는 단어도 있습니다. 이것은 'Old People with Active Lives'의 앞글자를 따서 만든 말입니다. 2002년 일본의 경제 전문가 니시무라 아키라(Akira Nishimura)가 『여자의 지갑을 열게

오팔의 모습

하라』라는 책에서 처음 언급한 개념입니다. 단순히 나이가 들었다는 이유로 수동적인 삶을 사는 것이 아니라, 오히려 적극적으로 사회 활동에 참여하고 자신의 삶을 풍요롭게 만들기 위해 활발하게 노력하는 노년 세대를

의미합니다. 우리나라에서는 베이비부머 세대의 대표주자인 '58년 개띠'와
도 발음이 같아서 더욱 관심을 받기도 한 단어입니다. 원래 오팔은 다양한
색을 내는 것으로 유명한 보석의 한 종류입니다. 무지개처럼 여러 색깔을
내며 빛을 반사하는 특성이 있습니다. 이러한 오팔처럼 요즘 세대의 시니
어들이 각자가 살아온 경험과 지혜를 바탕으로 다채롭고 빛나는 삶을 살
고 있다는 의미를 담고 있습니다.

또 다른 말로는 'YOLD(욜드)' 라는 단어가 있습니다. 이는 'Young Old'를
줄인 말입니다. 활기차고 활동적인 65세에서 75세 사이의 젊은 노년층을
가리키는 용어입니다. 매년 출간되는 이코노미스트의 『세계대전망』 2020
년 판에서는 이 욜드 세대가 이전의 시니어들과는 전혀 다른 집단이라고
규정하면서 이들이 각 산업의 지형도를 바꾸어 놓을 것으로 전망했습니
다. 이러한 전망은 국내 한 카드사가 내놓은 노년층의 매출액 증가율을 보
면 명확하게 알 수 있습니다.

# 시니어 소비, 2040세대보다 매출액 증가율 앞서

## 2022년 주요 업종 연령대별 매출액 증감율(2021년 대비)



*주요 업종은 음식점, 커피/디저트, 병원, 쇼핑, 여행, 여가활동, 온라인 쇼핑몰(매출액 상위 121개), 배달앱(배달의 민족, 요기요 등)

출처. KB카드

요즘의 노년 세대를 가리키는 말 가운데 가장 널리 알려진 것은 아마도 '액티브 시니어(Active Senior)' 일 것입니다. 미국 시카고대학교 심리학과의 버니스 뉴가튼(Bernice Neugarten) 교수가 처음 제시한 개념으로, 은퇴 이후에도 활발한 사회활동과 여가활동을 즐기면서 능동적으로 소비생활을 하는 요즘 시니어들을 일컫는 말입니다. 앞에서 언급한 OPAL(오팔)세대나 YOLD(욜드), 그리고 액티브 시니어는 단어의 유래나 연령의 구분상 조금씩의 차이는 있습니다. 하지만 새로운 노년 세대의 특징을 보여준다는 면에서는 몇 가지 공통점을 찾아볼 수 있습니다.

첫 번째, 이들에게는 건강과 활력이 있습니다.

새로운 노년 세대는 건강에 대해서 관심이 많을 뿐만 아니라, 건강을 유지하기 위해 많은 시간과 노력을 기울입니다. 그만큼 다양한 신체 활동과 운동을 즐깁니다. 또한 운동을 통해 잘 유지한 건강을 바탕으로 더 많은 곳으로 여행을 다니거나 새로운 취미를 시작하는 등 활발한 라이프스타일을 유지하고 싶어 합니다.

두 번째, 사회 활동에 적극적으로 참여합니다.

이들은 새로운 경험을 시도하는 것에 큰 망설임이나 두려움이 없습니다. 자원봉사, 취미 활동, 학습, 심지어는 새로운 직업을 시작하기도 하며 이를 통한 경제적 이익을 창출하기도 하고 나이 차이가 있는 다양한 세대와도 사회적인 유대관계를 잘 만들어 나갑니다.

세 번째, 기술에 대한 이해와 적응력이 높습니다.

특별히 지난 코로나 팬데믹을 지나면서 노년 세대의 스마트폰 활용 능력이 큰 폭으로 확대되었습니다. 요즘의 노년 세대는 스마트폰, 소셜 미디어, 인터넷 등을 적극적으로 활용하며 이를 통해 정보 접근과 쇼핑, 사회적 교류도 활발하게 합니다. 무엇보다 새로운 지식이나 기술에 대하여 두려워하기보다는 호기심을 갖고 배우고자 하는 마인드를 품고 있습니다.

마지막으로 이들에게는 강력한 소비력이 있습니다.

앞서 노년층 매출액 그래프에서도 살펴본 것처럼, 이들은 평생에 걸쳐 축적한 경제력을 바탕으로 여행, 패션, 건강, 심지어 팬덤 문화에 이르기까지 능동적인 소비층을 두텁게 형성하고 있습니다. 이러한 점에 주목하여 여러 기업이 새롭고 강력한 소비 중심층인 노년 세대를 겨냥한 맞춤형 상품과 서비스를 제공하기 위해 안간힘을 기울이고 있습니다.

이미 몇 해 전부터 새로운 노년 세대의 등장을 '트렌드(Trend, 경향, 유행)'의 관점으로 접근하고 분석하는 전문가들이 등장했습니다. 매년 연말이나 새해가 되면 각 분야의 전문가들이 자신이 알고 있는 최신의 정보들을 활용하여 새로운 트렌드를 전망하곤 하는데, 최근 들어 가장 주목받고 있는 것은 다름 아닌 '시니어 트렌드'입니다. 위와 같은 특징을 갖고 있는 노년 세대가 대거 몰려오고 있기 때문입니다. 은퇴를 앞두고 있는 사람 중 많은 이들이 OPAL(오팔)세대, YOLD(욜드), 액티브 시니어가 될 것입니다. 이미 은퇴를 한 사람들 가운데 이렇게 활기찬 노년을 살아가고 있는 이들도 많이 있습니다. 이제 은퇴라는 단어는 '하던 일에서 물러나 편히 여생을 보내는 것'이라는 개념이 아닙니다. 기대수명이 늘어나면서 은퇴한 이후에도 살아가야 할 시간들이 많이 주어졌기 때문입니다. 새로운 노년 세대에게 은퇴는 또 다른 인생의 출발점인 셈입니다.

하지만! 모두가 OPAL(오팔)세대, YOLD(욜드), 액티브 시니어는 아니잖아요?

그렇습니다. 우리 사회에는 다양한 노년 세대가 공존하고 있습니다. 특히 앞에서 언급했던 베이비부머 중심의 새로운 노년 세대보다 앞선 세대, 이른바 '산업화 세대'를 빼놓을 수 없습니다. 산업화 세대는 일제강점기 말기에 태어나 한국전쟁을 경험한 1940~1950년대 출생한 세대입니다. 전쟁 직후의 혼란 속에서 살아남았고, 극심한 빈곤 속에서 어린 시절을 보냈기 때문에 제대로 된 교육을 받지 못한 사람들이 많았습니다. 하지만 특유의 근성과 끈기로 대한민국의 발전을 위해 온 몸을 던져가며 일한 세대이기도 합니다.

산업화 세대를 가장 잘 나타내는 단어는 바로 '희생'일 것입니다. 자신들이 경험한 빈곤의 고통과 무지의 설움을 자녀들에게 대물림하지 않기 위해서 밤낮없이 일을 했습니다. 서독, 중동, 베트남 등 먼 타국으로 나가서 홀로 외롭게 일하며 가족들에게 돈을 보내기도 했습니다. 자신들은 먹지 못해도 자녀들에게는 좋은 것을 주기 원했고, 자녀들의 학업을 위해서라면 빚을 내서라도 공부를 시키고자 했던 세대가 바로 이들이었습니다. 특히 이 세대의 어머니들은 대가족제도 안에서 혹독한 시집살이를 경험한 분들도 많습니다. 근검절약의 습관이 몸에 배어있고, 어지간한 통증은 참아가면서 큰 병이 아니면 병원에도 잘 가지 않던 것이 이 세대의 특징입니다.

이러한 산업화 세대가 이제 대한민국의 가장 고령화된 어르신 그룹을 이루고 있습니다. 1970년대만 하더라도 평균수명이 60세 초반에 불과했습니다. 산업화 세대가 직접 모셨던 집안의 어르신들은 환갑이나 칠순 즈음에 모두 돌아가셨다는 말입니다. 그 때문에 오늘날 경험하고 있는 자신들의 70대와 80대가 낯설기만 합니다. 어떤 분들은 젊은 시절 고생했던 것이 문제가 되어 큰 질병을 얻기도 합니다. 어떤 분들은 본인의 노후생활은 고려하지 않은 채 자녀들을 위해서 모든 것을 다 내어주고는 경제적으로 열악한 상황에 처하기도 합니다. 우리보다 앞서 초고령사회의 짙은 그늘을 경험한 일본에서는 이처럼 경제적인 어려움이나 관계의 단절로 인해 홀로 외롭게 살아가는 시니어들을 집중 조명한 특집 다큐멘터리와 책들이 큰 화제를 모았습니다. 여기에서 '하류노인', '과로노인', '표류노인', '장수악몽', '노후파산' 등과 같은 무시무시한 단어들이 등장하기도 했습니다.

출처. 예스24, https://www.yes24.com

　위와 같은 책을 통해서 각 저자들은 일본이 경험한 심각한 노인 문제가 머지않아 대한민국이 겪게 될 미래라고 경고하기도 했습니다. 실제로 노인 빈곤율이나 노인 자살률, 고독사의 문제 등은 우리사회에서 점점 큰 이슈가 되고 있습니다.

## 노년 세대가 처한 양극화의 폭풍

오늘날 우리가 만나는 노년 세대들이 처한 상황이 바로 이렇습니다. 뚜렷한 양극화가 나타나고 있습니다. 누군가는 새롭게 등장하고 있는 활동적인 노년 세대를 칭송하면서 대한민국의 미래를 낙관합니다. 반면에 또 어떤 이들은 급격한 고령화를 겪고 있는 대한민국의 노인 문제에 대해서 비관적인 태도로 일관하기도 합니다. 이 두 모습 가운데 어느 것이 맞고 어느 것이 틀릴까요? 정답은 그 누구도 알 수 없습니다. 마치 거대한 폭풍처럼 우리 사회 전반에 큰 영향을 미치고 있는 두 현상 모두 대한민국 안에서 현재 진행 중이기 때문입니다.

우리나라의 인구 구조를 감안했을 때, 오늘날 빈곤의 문제와 건강의 문제를 겪고 있는 산업화 세대는 앞으로 점차 줄어들 것입니다. 그리고 그 뒤를 잇는 베이비부머 세대는 상당히 오랜 기간에 걸쳐 빠른 속도로 증가할 것입니다. 즉 활기찬 노년을 보내고 싶어 하는 새로운 노년층이 점점 늘어날 것이라는 점은 명백합니다. 우리가 중점적으로 연구하고 대비해야 할 예비 노년 세대가 바로 이 액티브 시니어라는 의미입니다.

하지만 베이비부머 세대 가운데에서도 경제적으로 어려움을 겪고 있거나 이혼, 사별 등으로 사회적 관계가 단절된 이들, 치매나 다양한 질병으로 인해 도움이 꼭 필요한 시니어들은 여전히 존재합니다. 이렇게 혼자서는 생활이 어렵거나 사회로부터 지원이 필요한 시니어들을 '패시브 시니어(Passive Senior)'라고 부릅니다. 앞서 살펴보았던 액티브 시니어의 반대개념인 셈입니다. 모든 사람이 활기차고 멋진 노년의 삶을 살고 싶어 합니다. 하지만 베이비부머 세대들 가운데에서도 여러 가지 이유로 자신이 꿈꾸던 노년의 삶을 충분히 준비하지 못한 사람들이 있습니다. 이들 가운데 얼마나 많은 숫자가 우리 사회의 패시브 시니어가 될 것인지는 전문가들도 쉽게 예측하지 못하는 부분입니다.

이처럼 우리가 만나고 있는 노년 세대는 매우 적극적이고 활동적인 것을 지향하는 액티브 시니어와 사회적인 관심과 도움이 필요한 패시브 시니어, 그리고 그 사이에 존재하는 또 다른 시니어들이 혼재되어 있음을 주목해야 합니다. 어느 한 곳만 바라보아서는 안 됩니다. 시대의 흐름을 민감하게 파악하는 안목과 지혜를 길러서 올바르게 진단하고 각 상황에 맞게 대처해야 합니다.


## 노화라는 선물

시니어 목회를 맡은 이들이 반드시 기억해야 할 중요한 사실이 있습니다. 바로 인간은 노화를 통해 부정적인 상실만을 경험하는 것이 아니라는 점입니다. 30여 년 동안 노화, 시니어 성장과 발달을 연구해 온 리차드 존슨(Richard P. Johnson) 박사는 자신의 책『시니어 돌봄 사역(Parish Ministry for Maturing Adult)』에서 "노화는 한밤중에 잠입하는 도둑이 아니다. 오히려 인생 최고의 스승이다."라고 말했습니다. 그는 노화를 가리켜 '목표를 향해 꾸준히 나아가게 해 주는 힘'이라고 말합니다. 이 말처럼 노화를 통해 우리는 값진 삶의 열매들을 얻을 수 있습니다. 노화를 통해 인간은 삶의 다양한 경험을 통합하고 이를 자신만의 지혜로 축적해 나갈 수 있게 됩니다. 삶을 넓고 깊게 보는 성숙한 관점이 생기고, 오랜 세월을 반복해 왔던 기술이 고도로 숙련되는 경험도 하게 됩니다. 무엇보다 지나온 삶의 과정을 통해 하나님의 존재를 깨닫고 감사와 헌신을 다짐하게 되는 깊은 영적 성숙을 경험할 수 있게 됩니다. 이러한 노화의 유익에 관하여 헨리 나우웬과 월터 개프니는 『나이 든다는 것』에서 다음과 같이 말했습니다.

"늙음이란 절망의 이유가 아니라 희망의 근거이며, 천천히 쇠락하는 것이 아니라 점진적으로 성숙하는 것입니다. 견디어 낼 운명이 아니라 기꺼이 받아들일 기회입니다."

세상의 눈으로 볼 때에 노화는 상실로 가득하며 죽음에 이르는 고통스러운 과정으로 그려집니다. 하지만 그리스도인들은 노화를 하나님의 선물로 받아들일 수 있어야 합니다. 모든 시간이 하나님의 선물이듯 노년의 시간도 하나님께서 친히 계획하신 인생의 한 과정이자 소중한 선물입니다.

노년 세대를 이해하고자 할 때에 노화에 대한 자신의 관점을 한 번 점검할 필요가 있습니다. 우리는 세상의 시각과 기준으로 노화 현상을 바라보는 데 익숙하기 때문입니다. 젊음을 아름답고 강한 것으로, 노년은 낡고 비참한 것으로 보는 고정관념을 버려야 노년 세대를 있는 그대로 받아들이고 이해할 수 있습니다.

60대를 보고 노인이라고 하면 비웃음을 사거나 핀잔을 듣게 되는 시대입니다. 이제 주변에서 환갑잔치는 찾아보기 어렵습니다. 칠순잔치도 가족들과 조촐하게 식사하거나 여행을 다녀오는 것으로 대신하는 사람들이 많습니다. 손주들과 스마트폰으로 능숙하게 소통하는 분들도 점점 늘어나고 있습니다. 건강 상태뿐만 아니라 외모와 스타일, 경제력, 마인드와 자신감까지 모든 면에서 과거와는 완전히 다른 세대가 요즘의 6070세대입니다.

산업화 세대와 베이비부머 세대, 그리고 그들을 부양해야 하는 X세대*가 한국교회의 중심축을 이루고 있는 것이 현재의 모습입니다. 한국교회는 어린 자녀들을 의미하는 '다음세대'를 끊임없이 이야기해 왔습니다. 물론 우리에게는 다음세대를 소중하게 품고 가르쳐야 할 사명이 있습니다. 그러나 그 다음세대를 위한다는 명분을 내세워 '지금세대'에게 희생만을 강요하거나 소홀하게 방치해서는 안 됩니다. 지금세대가 없으면 다음세대도 없습니다. 교회 안의 시니어들은 그 어느 세대보다 심혈을 기울여 가르치고 아낌없이 투자해가면서 돌봐야 할 '이 시대의 주인공' 입니다.



그렇다면 우리의 질문은 자연스럽게 다음으로 연결됩니다. 이러한 시니어들을 위해서 우리는 어떤 목회를 해야 할까요? 과연 우리가 만나는 시니어들은 앞서 언급한 노령 담론과 나이 기준에 대해서 어떻게 생각하고 있을까요? 다음은 앞으로 주어질 긴 시간을 더욱 건강하게 살고 싶어 하는 요즘의 시니어들을 위해서 노년목회를 디자인할 때 고려해야 할 점들에 대해서 살펴보도록 하겠습니다.

## 거룩한 나이듦을 알아야 합니다

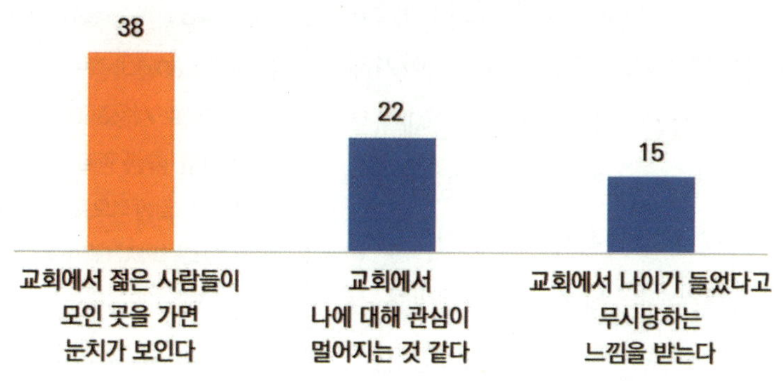



출처. 목회데이터연구소. (2022. 9. 6.). 기독교 통계(159호)– 고령 교인의 신앙생활 및 인식 조사

### 교회 안에서 눈치를 보는 시니어들

2022년 목회데이터연구소에서 교회 안의 만 65세 이상 시니어 2,045명을 조사하여 발표한 자료에 따르면 시니어 성도 중에는 젊은 사람들이 모인 곳에 가면 스스로 위축감을 느낀다고 대답한 사람이 10명 가운데 4명꼴로 나타났습니다. 또한 10명 중 2명은 자신들을 향한 교회의 관심이 멀어지고 있다고 느끼거나 나이 때문에 무시당하는 느낌을 받는다고 대답했습니다. 즉 스스로를 목양의 대상인 동시에 교회의 한 축을 담당하는 구성원이라고 인식하지 못하는 시니어들이 교회 안에 존재한다는 것입니다. 그런데 같은 조사에서 제시한 다른 질문에 대한 시니어들의 답변이 흥미롭습니다.

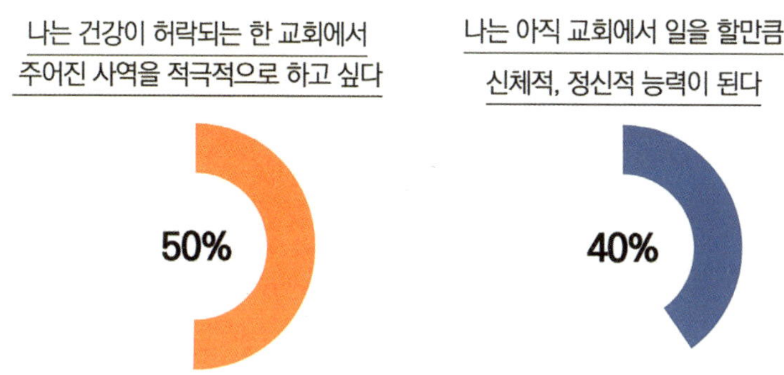

출처. 목회데이터연구소. (2022. 9. 6.). 기독교 통계(159호)– 고령 교인의 신앙생활 및 인식 조사.

이 조사결과를 보면 교회 안의 시니어들은 여전히 상당한 신앙적 욕구와 교회 일에 참여하고자 하는 의욕을 가지고 있는 것으로 보인다는 점입니다. 앞의 조사내용과 연결해서 생각해 보았을 때, 시니어들은 여전히 교회의 구성원으로서 활약하며 자신들의 존재를 인정받고 싶어 하지만, 현실적으로는 사역의 장이 부족하거나 나이 때문에 눈치가 보여 적극적으로 참여하지 못하고 있을 가능성이 있습니다. 2024년에 실시한 시니어들의 사역 활동 상한 연령에 대한 인식은 이러한 점을 더욱 잘 보여주고 있습니다. 일반 교인들은 시니어들의 사역 상한 연령을 69세로 인식하였고 담임목사는 72세로 인식하였습니다. 그런데 정작 당사자인 시니어들은 이보다 훨씬 높은 77세까지 사역할 수 있다고 대답하였습니다.

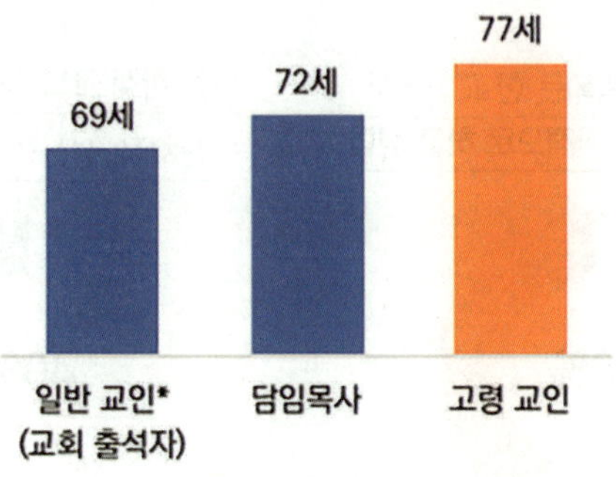

고령 교인의 사역 활동 상한 연령 인식 (평균)



*일반 교인 : 목회데이터연구소, '개신교인의 신앙의식 조사,
2024.06.(전국 만 19세 이상 교회출석자 1,000명, 온라인 조사, 2024. 05.14~05.22.)

출처. 목회데이터연구소. (2024. 8. 13.). 기독교 통계(251호)- 고령 교인 신앙과 시니어 목회 실태.

한국교회의 폭발적인 성장을 경험한 부흥세대인 시니어들이 여전히 사역에 대한 의지가 있다는 것에 주목할 필요가 있습니다. 앞서 살펴본 것처럼 교회 안에는 신앙적 체험과 연륜, 건강한 체력과 시간적인 여유까지 가지고 있는 시니어들이 늘어나고 있습니다. 단지 돌봄의 대상이 아닌 사역의 주체로서 시니어들을 바라보는 교회들도 하나둘 늘어나고 있습니다. 이처럼 한국교회가 시니어 목회에 관해서 관심을 가지고 움직이고 있다는 점은 매우 고무적인 일입니다. 시니어 목회의 목적은 한 마디로 '거룩한 나이듦' 입니다. 시니어의 거룩한 나이듦은 노년기에 대한 발달단계적 이해와 함께 '과거-현재-미래'로 이어져 있는 각자만의 삶의 여정을 종합적으로 고려해야 하는 섬세한 작업입니다. 바로 이것이 『시니어 목회 에센스』와 『시니어 에센스 워크북』의 핵심 내용입니다.

## 영적 선배인 시니어

성경은 노인을 공경해야 할 대상으로 말하고 있습니다(레 19:32). 노인에게 주시는 지혜는 하나님이 허락하시는 것이며(욥 32:8~9), 노인에게 나타나는 백발은 면류관이라고 말합니다(잠 16:31).

노년의 삶을 묘사한 성경구절 가운데 시 92:12~15의 말씀은 '거룩한 나이듦'을 이루어낸 영적 선배의 모습을 풍성한 나무의 이미지로 멋지게 표현했습니다.

12 의인은 종려나무 같이 번성하며 레바논의 백향목 같이 성장하리로다
13 이는 여호와의 집에 심겼음이여 우리 하나님의 뜰 안에서 번성하리로다
14 그는 늙어도 여전히 결실하며 진액이 풍족하고 빛이 청청하니
15 여호와의 정직하심과 나의 바위 되심과 그에게는 불의가 없음이 선포되리로다

온 세상을 만드신 창조주 하나님과 함께하는 노년의 시간은 상실이나 고독이 아니라 삶의 완성을 향하는 과정이며 그 자체로 은혜와 축복입니다. 영적 시니어는 지식이 아닌 삶으로 이러한 진리를 체험하고 깨달은 사람입니다. 길고 험한 삶의 여정을 걸어오는 동안 자신과 동행하신 하나님께 감사드리는 삶, 소명에 대한 확신으로 주어진 오늘을 기쁘게 살아내는 삶, 믿음의 결단과 소망의 눈으로 미래를 내다보는 삶, 이것이 바로 영적 시니어가 추구하는 삶의 모습입니다.

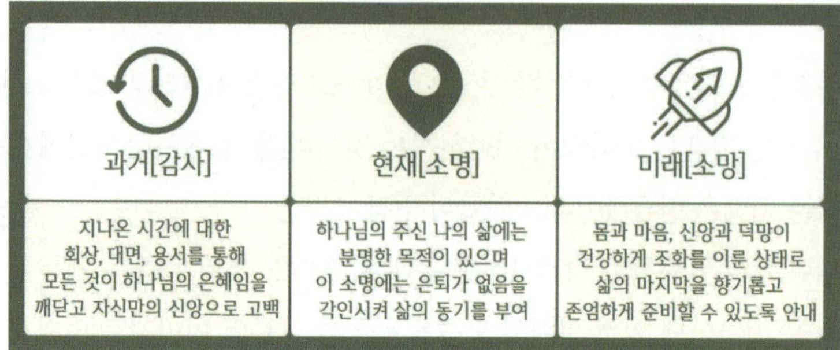

| 과거[감사] | 현재[소명] | 미래[소망] |
| --- | --- | --- |
| 지나온 시간에 대한 회상, 대면, 용서를 통해 모든 것이 하나님의 은혜임을 깨닫고 자신만의 신앙으로 고백 | 하나님의 주신 나의 삶에는 분명한 목적이 있으며 이 소명에는 은퇴가 없음을 각인시켜 삶의 동기를 부여 | 몸과 마음, 신앙과 덕망이 건강하게 조화를 이룬 상태로 삶의 마지막을 향기롭고 존엄하게 준비할 수 있도록 안내 |

## 과거를 대하는 영적 시니어의 키워드: 감사

출처. Jacob blessing Pharaoh, 1919. *Bible primer, Old Testament, for use in the primary department of Sunday schools* .

창세기 47장에는 애굽의 총리가 된 요셉이 아버지 야곱을 바로에게 소개하는 장면이 나옵니다. 야곱이 바로에게 인사를 하고 축복의 말을 건넸을 때, 바로는 다짜고짜 야곱의 나이를 물어봅니다. 바로의 질문에 야곱은 이렇게 대답합니다.

> "이 세상을 떠돌아다닌 햇수가 백 년 하고도 삼십 년입니다. 저의 조상들이 세상을 떠돌던 햇수에 비하면 제가 누린 햇수는 얼마 되지 않지만, 험악한 세월을 보냈습니다(창 47:9, 새번역)."

우리는 성경을 통해 야곱이 얼마나 파란만장한 삶을 살았는지 잘 알고 있습니다. 어머니 리브가의 뱃속에서부터 그의 삶은 치열했습니다. 이후 쌍둥이 형님인 에서와의 팥죽사건으로 장자권 분쟁이 일어났습니다. 이것이 결국 아버지 이삭을 속이는 사건으로 연결되었고, 훗날 야곱이 고달픈 타향살이를 해야 하는 원인이 되었습니다. 외삼촌 라반으로부터 당한 설움들, 사랑하는 아내 라헬을 얻기까지의 우여곡절, 얍복 나루에서의 씨름, 자녀들 때문에 겪은 사건사고와 특별히 요셉으로 인한 마음고생까지 말 그대로 '험악한 세월'을 보냈다는 야곱의 이야기에 고개를 끄덕이게 됩니다.

우리말로 나이를 이야기할 때 '몇 살'이라는 표현을 사용합니다. 여기에서 말하는 '살'이라는 글자가 타향살이, 시집살이, 머슴살이와 같은 인생살이를 떠올리게 합니다. 이 단어들은 우리 민족이 겪은 험악한 세월을 대표하는 말들입니다. 이 땅에 태어나서 70~80년의 세월을 살아온 어르신들은 험악한 세월이라는 말에 더욱 공감하실 것입니다. 이분들은 일제 강점기를 지나 해방이 되자마자 한국전쟁을 겪었습니다. 많은 이들이 죽거나 이산가족이 되었고 생존한 이들마저 폐허가 된 삶의 터전에서 그야말로 맨 손으로 모든 것을 일궈내야만 했습니다. 정치 상황마저도 몹시 불안했지만, 그 가운데에서 열심히 노력하여 '한강의 기적'을 일구어냈습니다. 이제야 대한민국이 선진국의 반열에 들어가는가 싶었을 때 IMF라는 큰 위기를 맞게 되었습니다. 노년기에 들어 편안하고 건강하게 지내려나 했는데 생전 겪어본 적 없는 코로나 팬데믹 상황이 찾아왔습니다.

우리나라는 지리적인 위치 때문에 역사적으로도 수많은 외세의 침입을 겪어야 했고, 지금도 분단의 현실 속에서 어려운 시간을 보내고 있습니다. 이러한 국가적인 과거사가 아니라하더라도 우리 주변에는 개인의 사업문제, 자녀문제, 인간관계, 질병 등으로 자신의 인생을 '험악했노라'라고 회고하는 사람들이 참 많을 것입니다.

교회 안에도 지나온 과거의 이야기들을 소재로 드라마나 영화를 만들 수 있을법한 시니어들이 있습니다. 70~80여 년의 세월을 살다 보면 누군가에게 말하지 않고 그저 속에만 담고 지내온 삶의 아픔이 한두 가지씩은 다 있을 것입니다. 우리 모두가 요셉이고 야곱입니다. 누군가는 아브라함을 보며, 또 누군가는 모세를 보며 자신의 삶을 떠올릴 것입니다. 한나, 다윗, 나오미, 요나, 호세아, 베드로, 바울…. 성경에 나오는 수많은 믿음의 조상들이 우리의 삶을 비춰주고 있습니다.

그런데 이들의 삶에서 우리가 반드시 주목해야 할 공통점이 있습니다. 바로 하나님께서 이들과 동행하시며 그 삶을 기록으로 남겨 하나님의 위대한 구속사를 이루어오셨다는 사실입니다. 개인의 삶으로 볼 때에는 가파른 오르막과 내리막들이 있었지만, 그 모든 삶의 여정에서 하나님은 이들을 지켜보셨고 사용하셨습니다. 이것을 깨닫고 받아들이는 사람은 자신의 일생이 매우 값진 것이었다고 느끼게 됩니다. 지나온 모든 순간이 하나님의 인도하심이었음을 알고 감사의 고백을 드리는 성숙한 노년기를 보낼 수 있습니다. 삶을 통해 얻은 경험과 지혜는 그 어떤 이론보다 설득력이 있고 여운이 강합니다. 그렇기 때문에 이런 시니어들은 훌륭한 역사가이자 위대한 이야기꾼이 될 수 있습니다. 험악한 세월을 보냈다고 말한 늙은 야곱이 당대 최고의 제국을 다스리는 통치자에게 축복의 인사를 건네었던 것처럼, 자신의 과거를 하나님 안에서 이야기할 수 있는 노인은 이 세상 그 어떤 사람에게도 하나님의 선하심을 가르칠 수 있는 위대한 스승이자 거룩한 영적 시니어가 될 수 있습니다.

하지만 노인 중에는 지나간 날에 붙잡혀 끊임없이 자신을 괴롭히며 사는 사람들도 있습니다. 과거에 저질렀던 실수나 중요한 순간에 내렸던 잘못된 결정들에 대해서 반복하여 자신을 자책하는 경우입니다.

'그 때 내가 왜 그랬을까?'

'내가 왜 그 사람을 믿었을까?'

'내가 왜 거기에 갔을까?'

'내가 왜 거기서 그 말을 하지 못했을까?'

문제가 되는 것은 이러한 후회뿐만이 아닙니다. 분노와 원망도 마찬가지입니다. 과거에 나를 매우 화나게 했거나, 나에게 잊지 못할 상처를 준 사람들에 대한 분노로 잠을 이루지 못하기도 합니다.

'왜 나만 그렇게 가난하게 살아야 했는지'

'왜 나만 공부를 포기해야 했는지'

'왜 나만 그 고된 일을 도맡아서 해야 했는지'

과거에 본인이 처했던 나쁜 상황에 대한 원망들은 영혼에 깊은 그늘을 만듭니다. 이렇게 과거에 붙잡혀 사는 사람들의 가장 큰 특징은 자신의 인생을 실패한 것으로 간주하고 그 결정적인 원인으로 무능한 자신을 지목한다는 것입니다. 다시 돌아갈 수 없는 과거를 끊임없이 비관하면서 자학하다가 우울증에 빠지거나 반대로 끊임없이 남 탓을 하면서 부모와 배우자, 형제, 자녀들에게 분노를 표출하기도 합니다.

심리학자 에릭 에릭슨(Erik H. Erikson)은 인간의 발달을 8단계로 나누어서 설명했습니다. 그는 인생의 마지막 시기인 노년기를 대표하는 발달 과업으로 '자아통합성(Ego-integrity)' 이라는 개념을 제시했습니다. 에릭슨은 사람들이 흔히 생각하는 것처럼 '노년기는 인간의 모든 것이 쇠퇴하는 시기이므로 더 이상 발달을 기대할 수 없다.'라는 부정적인 인식에 반대했습니다. 인간은 노년의 시기에 커다란 내적 갈등을 경험하게 되는데 이러한 갈등을 잘 해결하지 못했을 때는 앞서 말한 것처럼 절망감과 회의에 빠지게 된다고 말했습니다. 이때 경험하는 절망과 회의감은 '인생이 무의미하다', '잘못 살았다', '죽는 것이 두렵다'와 같은 부정적인 생각을 일으킨다고 주장했습니다. 반면에 노년기에 이 내적 갈등을 긍정적으로 바라보고 잘 해결하면 자아통합성이라는 성공적인 노화의 과업을 달성하게 된다고 말했습니다. 그 과정에서 가장 중요한 것은 과거의 자신과 솔직하게 대면하는 것입니다. 그리고 자신이 경험했던 모든 승리와 패배, 성공과 실패를 있는 그대로 수용하는 것입니다. 에릭슨은 이러한 발달과업을 성공적으로 잘 달성하면 그 결과물로 '지혜'를 갖게 된다고 말했습니다.

에릭슨 8단계 과제와 덕목

| 시기 | 자아특질 | 심리사회적 위기 |
| --- | --- | --- |
| 0~2세 | 희망 | 신뢰감 vs 불신감 |
| 2~4세 | 의지 | 자율성 vs 수치감 |
| 4~5세 | 목적 | 주도성 vs 죄책감 |
| 5~12세 | 능력 | 근면성 vs 열등감 |
| 13~19세 | 성실 | 자아정체성 vs 역할 혼란 |
| 20~24세 | 사랑 | 친밀성 vs 고립감 |
| 25~64세 | 배려 | 생산성 vs 침체감 |
| 65세~ | 지혜 | 자아 통합감 vs 절망감 |

이처럼 노년기에는 자신이 살아온 삶을 회상하고 가만히 대면하는 시간이 필요합니다. '지나간 시간이 무슨 소용이 있느냐'라고 말하며 접어두면 안 됩니다. 젊은 시절에는 가족들을 먹여 살리기 위해서 앞만 보고 바쁘게 달려가지만, 노년의 시기가 되면 시간이라는 선물이 주어집니다. 그 시간을 과거를 돌이켜보는 데 할애해야 합니다. 사진을 통해서든, 책을 통해서든, 영화나 드라마를 통해서든, 가족이나 친구들과의 대화를 통해 소중했던 지난 시간을 돌이켜보고 그것을 정리해야 합니다. 바쁘게 사느라 잊었다고 생각했는데 가만히 떠올리면 생각나는 일들이 반드시 있을 것입니다. 그 사건들 속에서 하나님을 발견해 보십시오. 성경의 많은 인물들이 그랬던 것처럼 어떠한 고통과 상실에도 하나님의 뜻이 있었음을 기억하십시

오. 그날의 내가 있었기에 오늘 내가 지금과 같은 모습으로 존재할 수 있다는 사실을 깨닫는다면 자연스럽게 '감사'의 고백이 입술에서 나오게 될 것입니다. '동행'이라는 제목의 CCM 찬양 가사가 이러한 고백을 잘 담고 있어서 소개해 드립니다.

### 동행

손경민

내가 걸어온 길 길고도 짧은 길
내 힘으로 걸어 온 줄 알았는데
여기까지 온 것도 주가 동행함이라
주님 나와 동행하심이라


때론 험한 길에서 폭풍우를 만나고
때론 가시 밭 길에서 고난을 당하나
주님 동행하시니 나는 두려움 없네
주님 나와 동행하심이라


할렐루야 주 동행하시네
할렐루야 주 동행하시네
험한 골짜기도 나 두려움 없네
주님 나와 동행하심이라


주 너를 지키리 아무 때나 어디서나
주 너를 지키리 늘 지켜주시리

현재를 대하는 영적 시니어의 키워드: 소명

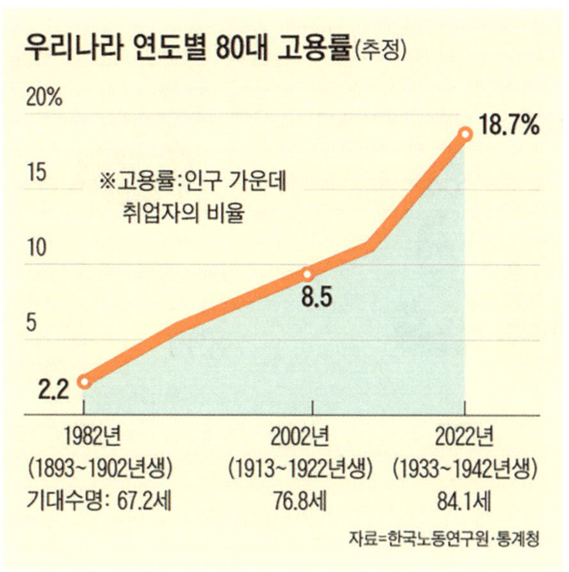



출처. 곽창렬, 김하경. (2023. 7. 21.). 정년'없는 시대... 일하는 80대 '옥토제너리언'이 온다. 조선일보.

한국노동연구원 집계에 따르면, 1982년 80대 고령자의 고용률은 2.2% 였지만, 이 수치는 10년마다 약 3%씩 증가해 2022년에는 18.7%를 기록했습니다. 80대 중에서 거의 5명에 한 명꼴로 일을 하고 있다는 얘기입니다. 의료기술의 발전과 함께 노년기에도 자기관리를 잘 해 오면서 체력과 정신력을 건강하게 유지해온 고령자들이 은퇴를 미루거나 거부하는 이른 바 '불퇴족'이 되고 있는 것입니다.

'건강이 허락할 때까지!'라고 말하는 '옥토제너리언(Octogenerian, 80대를 가리키는 표현)'은 우리나라뿐만 아니라 일본과 미국에서도 많이 찾아볼 수 있습니다.

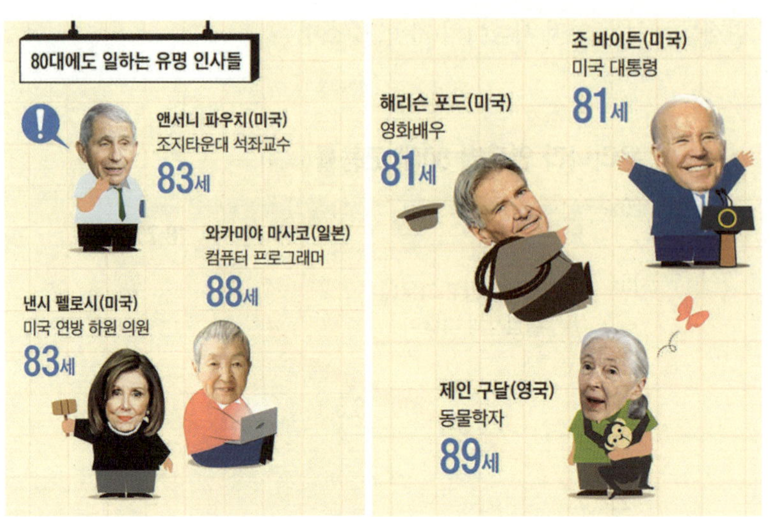


출처. 곽창렬, 김하경. (2023. 7. 21.). 정년'없는 시대… 일하는 80대 '옥토제너리언'이 온다. 조선일보.

그런데 단지 수명이 늘어나고 건강을 오래 유지한다는 것만으로 일하는 80대가 증가하는 현상을 전부 설명할 수는 없습니다. 노인이라고 하더라도 일을 하면서 소속감, 자기효능감, 오늘을 살아가는 의미에 대한 만족감 등을 느낄 수 있다고 말하는 전문가들의 말에 귀를 기울일 필요가 있습니다. 메리 존슨(Mary Johnson) 미 노인연맹 정책분석가는 "80대 근로자는 정신적으로 스스로 자극을 주기 위해 일종의 '일하는 은퇴'를 선택한 것"이라고 표현했습니다. 스티븐 그레이서(Stephen A. Greyser) 하버드대 경영대학원 명예교수의 경우 88세에도 어전히 학교에 나와 연구를 하고 있는데 그는 "동료애와 협업, 그리고 조직 내부에 속해 있다는 즐거움 때문에 일을 놓을 수가 없다."고 말했습니다.

80세에 마이애미에서 변호사로 일하는 스튜어트 골드스타인(Stuart N. Goldstein)은 "은퇴 후 정신적으로 쇠약해진 사람을 자주 봤다. 일하는 동안은 정신적으로 항상 깨어 있다."고 말했습니다. 우리도 주변에서 일을 그

만둔 이후에 급격하게 노쇠해지는 은퇴자들의 이야기를 듣거나 보게 되는 경우가 종종 있습니다.

『나이듦의 신학』이라는 책을 쓴 폴 스티븐스(R. Paul Stevens) 목사님도 나이가 많습니다. 1937년생입니다. 책의 서문에서 저자는 바로 나이 들어가는 자신을 위해서 이 책을 썼다고 밝히고 있습니다. 그는 철강회사를 경영하던 아버지 밑에서 일을 배웠습니다. 잡역부에서부터 회계, 사무직 등을 두루 경험하였습니다. 그 이후에는 목수 일을 배워서 건설업 분야에서 일하며 자비량으로 교회를 섬겼습니다. 오랜 세월 일터에서 몸으로 체험한 경험을 통해 예배당에 갇힌 신학이 아닌 삶의 현장을 신학의 무대로 삼는 소위 '일터 신학'의 대가로 알려져 있습니다. 지금도 대학에서 강의 하며 왕성한 집필활동과 강연을 하고 있습니다.

출처. 예스24 yes24.com, 리젠트칼리지 https://www.regent-college.edu/

폴 스티브스 목사님의 책 『나이듦의 신학』에는 이런 부제가 달려있습니다.

"당신의 소명을 재구성하라."

이 책에서 그는 '일(Work)'이란 하나님이 창조한 질서 안에 속해 있는 중요한 활동으로, 인간이 하나님과 협력하여 창조의 사역을 계속해 나가는 방식이라고 설명합니다. 하나님은 인간에게 일을 맡기셨고 그 일에 동참하는 것은 하나님 나라의 확장을 위한 일종의 헌신이자 동역임을 주장합니다. 여기에서 '소명'이라는 개념이 매우 중요하게 다루어집니다. 소명은 하나님이 각 사람에게 주시는 '부르심'입니다. 그는 소명을 단지 목회자나 선교사의 일로만 국한하지 말아야 한다고 말합니다. 모든 그리스도인이 자신이 속한 직업이나 일터에서 하나님께 부름을 받았다고 주장합니다. 당연히 이 소명은 단지 교회 안에서만 이룰 수 있는 것이 아니라 세상 속에서, 일하는 현장에서도 이루어 갈 수 있습니다. '소명=직업'이라고 착각해서도 안 됩니다. 직업 그 자체가 아니라 그 일을 통해서 내가 창조해 내고 살아내야 하는 삶의 목적과 의미, 다시 말해 나를 부르신 하나님의 뜻을 찾아서 이루어가는 것이 바로 소명의 삶을 살아가는 것입니다. 그는 이 책에서 자신의 소명을 이렇게 밝히고 있습니다.

"나의 소명은 세상을 살아가는 하나님의 사람들을 격려하는 것이고 하나님과 이웃을 사랑하며 자연과 사람을 아름답게 가꾸어 가는 것입니다."

그리고 동시에 그는 책의 여러 페이지에서 이렇게 힘주어 주장합니다.

"소명에는 은퇴가 없습니다!"

이 문장에 주목하십시오. 짧은 한 문장이지만 이 말은 시니어 목회를 시작하는데 굉장히 강력한 캐치프레이즈(Catchphrase)가 됩니다. 우리 주변에서는 '내가 은퇴하기면 하면….'이라는 생각으로 하루빨리 모든 일을 손에서 내려놓고 마음껏 여유를 즐기고 싶어 하는 이들이 많습니다. 반대로 은퇴를 앞두고 불안함과 두려움을 느끼는 이들도 적지 않습니다. 또한 이미 은퇴 이후의 시간을 보내고 있는 시니어 중에는 어제와 다를 것이 없는 무기력한 오늘을 보내고 있는 시니어들이 생각보다 많습니다.

보건복지부가 2020년 전국 65세 이상 노인 1만 97명을 대상으로 조사한 결과 우리나라 노인들의 1일 평균 TV 시청 시간은 4.2시간이었습니다. 하루 5시간 이상 TV를 시청하는 이들도 39%나 됐습니다. 더욱 심각한 것은 노인들이 희망하고 있는 여가활동 순위에서도 TV 시청이 38.3%로 가장 높은 응답율을 기록했다는 점입니다. 산책(31.9%)이나 관광활동(12.7%) 보다도 높은 응답이었습니다. 노년기에 경험하는 비극 가운데 하나는 '할 일은 없고 시간은 너무 많다.'라고 느끼는 것입니다. 그러다 보니 가장 쉽게 선택할 수 있는 여가활동인 TV나 라디오에 손이 가는 것입니다. 이러한 일들의 특징은 신체 움직임이 최소화되고 주로 혼자서 긴 시간을 연속으로 보내게 된다는 점입니다. 신체활동과 두뇌활동, 사회활동이 모두 줄어들다 보니 건강에도 악영향을 주게 됩니다.

소위 말하는 '짤짤이'에 빠지는 노인들도 있습니다. '짤짤이'는 시간에 맞춰 이곳저곳을 돌아다니면서 구제비를 받거나 무료식사를 하는 노인들이 자신들의 행동을 부르는 은어입니다.

출처. 박상일, 간민주. (2015. 4. 21.) PD수첩–짤짤이 순례길을 아십니까?. MBC.

2015년 한 방송사에서는 이러한 '짤짤이 순례길'에 참여하는 노인들을 취재했습니다. 이런 분들 가운데에는 정말로 생계가 어려워서 하루의 끼니와 생활비를 해결하기 위해 참여하는 노인들이 대다수였습니다. 그런데 의외로 먹고사는 데에는 아무런 지장이 없음에도 불구하고 이 모임에 열심히 참여하는 이들도 있다는 것을 알게 되었습니다. 그들은 왜 이런 일을 하는 것일까요? 당사자들의 입에서 나온 말은 "시간이 너무 많아서!"였습니다. 가만히 방 안에 누워서 TV만 보고 있으니, 바보가 되는 것 같기도 하고 기분도 우울해져서 밖으로 나왔다는 것입니다.

"어차피 지하철도 공짜인데 이렇게 나와서 봄을 움직이면 건강에도 좋고, 여러 사람도 만나고, 거기에 공짜 밥도 먹으면서 돈까지 벌 수 있으니까 얼마나 좋으냐."하는 이야기입니다.

그 일을 통해 삶의 보람과 의미를 찾고 누군가에게 복음을 전하며 하나님이 나를 이 땅에 보내신 뜻을 발견하고 있다면 누가 그것을 함부로 평가하겠습니까? 하지만 단지 시간이 남으니 이렇게라도 소비해 버려야겠다는 생각으로 하는 행동이라면 그 시간들은 너무 아쉽고 아깝습니다. 그보다 멋진 일을 꿈꾸고 용기를 내서 도전할 수 있도록 이들에게 방향을 제시해 주어야 합니다.

시간은 하나님이 주시는 소중한 선물입니다. 시니어의 시간도 마찬가지입니다. 하나님은 모든 사람을 통해 이루고자 하시는 선한 뜻이 있습니다(빌 2:13). 시니어의 '오늘'은 하나님의 뜻을 이루어 가는 도구가 되어야 합니다. 교회는 오늘을 살아가는 시니어들에게 이러한 '소명'의 의미를 끊임없이 되새김시켜 주는 알람이자 그 길을 안내하는 친절한 내비게이션이 되어야 합니다.

출처. 'Die Bibel in Bildern', 1860, Julius Schnorr von Carolsfeld(1794-1872)

여호수아 14장에서 갈렙은 다음과 같이 말했습니다(수 14:10~12).

10 이제 보소서 여호와께서 이 말씀을 모세에게 이르신 때로부터 이스라엘이 광야에서 방황한 이 사십오 년 동안을 여호와께서 말씀하신 대로 나를 생존하게 하셨나이다 오늘 내가 팔십오 세로되

11 모세가 나를 보내던 날과 같이 오늘도 내가 여전히 강건하니 내 힘이 그 때나 지
금이나 같아서 싸움에나 출입에 감당할 수 있으니
12 그 날에 여호와께서 말씀하신 이 산지를 지금 내게 주소서 당신도 그 날에 들으
셨거니와 그 곳에는 아낙 사람이 있고 그 성읍들은 크고 견고할지라도 여호와께
서 나와 함께 하시면 내가 여호와께서 말씀하신 대로 그들을 쫓아내리이다 하니

과거에 가나안을 정탐하기 위해 잠입했던 12명의 정탐꾼 중에서 절대다
수인 10명이 현실적인 어려움을 근거로 제시하며 가나안 정복이 불가능하
다고 말했지만, 오직 여호수아와 갈렙만은 하나님의 능력과 약속을 믿고
가나안을 향해 담대한 승리의 선포를 하였습니다. 위의 말씀에서 갈렙은
그때를 회상하고 있습니다. 갈렙은 자신이 지금도 살아있는 것에 대하여
"여호와께서 말씀하신 대로 나를 생존하게 하셨다."라고 말하고 있습니다.
그리고 여호수아를 향해서 자신은 아직 하나님이 맡기신 일을 할 수 있으
니 하나님께서 그 때 말씀하신 이 산지를 내게 달라고 당당하게 요청하고
있습니다.

갈렙은 오늘 자신이 살아있는 근거를 약속을 지키시려는 하나님의 신실
하심과 연결하였습니다. 다시 말해 갈렙이 누리는 현재의 시간은 하나님
의 약속이자 선물이며 이제 그가 살아가는 목적도 약속의 땅을 기업으로
받기 위함임을 알고 있는 것입니다. 모든 것을 믿음의 시각으로 바라보는
그는 45년 전이나 지금이나 변함없는 소명의 사람이라 할 수 있습니다.

## 미래를 대하는 영적 시니어의 키워드: 소망

노년기는 사랑하는 가족들과 하나님 앞에서 자신의 삶을 어떻게 마무리 지어야 하는지를 생각해야 하는 시기이기도 합니다. 물론 시니어들이 생각해야 하는 '미래'가 곧 '죽음의 순간'만을 의미하는 것은 아닙니다. 미래라는 단어 안에는 오늘 이후의 삶을 통해서 각자만의 계획과 가능성이 다양한 모습으로 펼쳐질 수 있다는 의미가 내포되어 있습니다. 얼마든지 많은 일들을 계획하고 이루어낼 수 있습니다. 하지만 노인으로서 보내는 시간이 이 땅에서 겪을 잠깐의 이별을 준비하고, 무엇을 남길 것인지 생각하는 데 가장 적절한 시기임은 의심할 여지가 없습니다. 또한 이 시기가 그리스도 안에서 누리게 될 영원한 생명에 대한 소망을 확실하게 세우는데 가장 적절한 시기임을 반드시 기억해야 합니다.

천상병 귀천(歸天) 공원

### 귀천(歸天)

천상병

나 하늘로 돌아가리라
새벽빛 와 닿으면 스러지는
이슬 더불어 손에 손을 잡고,

나 하늘로 돌아가리라
노을빛 함께 단둘이서
기슭에서 놀다가 구름 손짓하며는

나 하늘로 돌아가리라
아름다운 이 세상 소풍 끝내는 날,
가서 아름다웠더라고 말하리라…”

천상병 시인의 작품인 '귀천(歸天)'입니다. 아름다운 표현을 좋아해서 외우고 있는 사람들도 있고 교과서에도 실렸기 때문에 이 시를 모르는 사람은 거의 없을 것입니다. 하지만 이 시에 부제가 달려있다는 것을 알고 있는 분들은 많지 않을 것입니다. 이 시의 부제는 바로 '주일(主日)'입니다. 시인은 1981년부터 아내와 함께 서울 종로5가에 있는 연동교회 3층 예배당 맨 앞줄에 앉아서 주일예배를 드렸다고 합니다. 예배를 드리는 동안에 시인은 울기도 하고 웃기도 했으며, 기도할 때는 자주 “하나님 용서해 주이소, 용서 하이소.”라고 말했다고 합니다.

삶의 마지막 순간에 시인처럼 멋진 고백을 남길 수 있다면 얼마나 좋을까요? 하지만 죽음의 문제를 그렇게 낭만적이고 아름답게 받아들일 수 있는 사람은 그리 많지 않을 것입니다. 누구에게나 찾아온다는 점에서 죽음은 그 존재가 너무나도 명확하지만, 그 시기와 방법에 대해서는 아무도 알 수 없기에 사람들은 큰 불안과 공포를 느끼곤 합니다.

최근 가장 주목받는 복음주의 작가였던 팀 켈러(Timothy J. Keller) 목사는 자신의 책『죽음에 관하여』에서 죽음에 대해 이렇게 표현했습니다.

"죽음은 거대한 단절이다. 사랑하는 이들을 우리에게서, 또는 우리를 그들에게서 갈라놓는다. … (중략) … 죽음은 아무도 건너뛰지 않는다. 어차피 누구나 한 번은 죽어야 한다. 그런데 우리는 선조들에 비해 죽음을 대비하지 못하는 것 같다. 왜 현대인들은 죽음에 대해 이처럼 무기력한가."

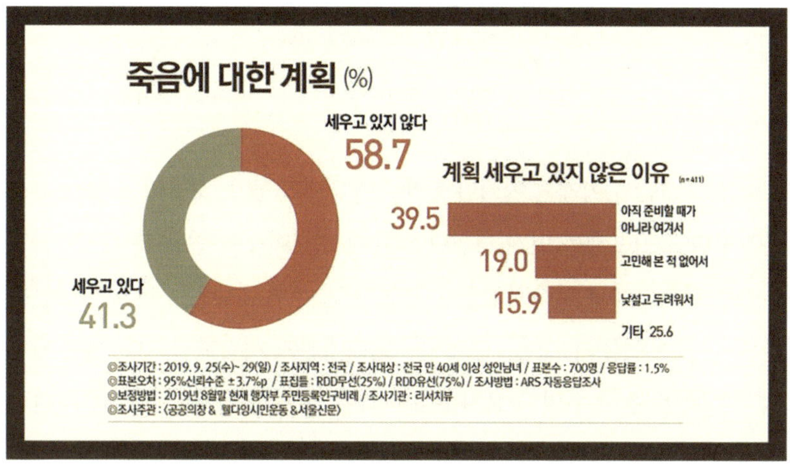



이현정. (2019. 10. 3.). 40세 이상 성인 41%만 '죽음 대비'... '작은 장례식 염두' 92%. 서울신문.

2019년 시민단체와 언론사에서 조사한 내용을 살펴보면 팀 켈러 목사의 생각과 같이 현대인들이 죽음에 대해서 열심히 계획을 세우거나 대비를 하고 있지 않다는 점을 알 수 있습니다. 다음의 표를 보면 '죽음을 준비하고 있다'고 응답한 이들 중에서도 대부분은 수의나 묘지, 상조회 가입 등과 같이 '장례준비'를 말하고 있다는 점을 확인할 수 있습니다.

노인의 죽음 준비 실태(항목별 준비율, %)

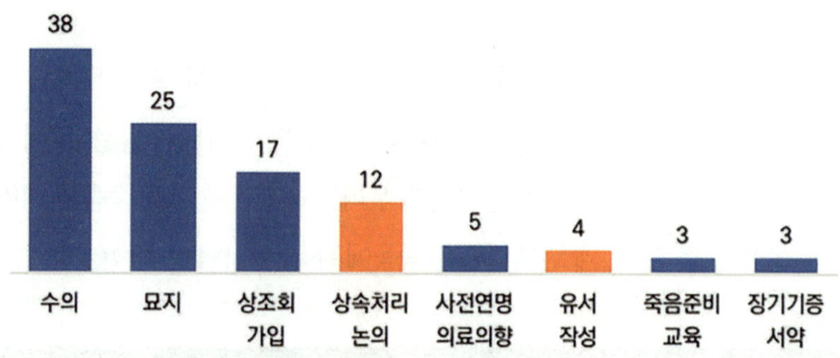


출처. 목회데이터연구소. (2023. 3. 9.). 일반사회통계(182호) – 한국 노인의 죽음 준비

죽음에 대한 준비에는 이러한 장례준비 외에도 많은 것들이 포함됩니다. 우리보다 노인문제를 먼저 경험한 일본에서는 이것이 '종활(終活, 슈카쓰)'이라는 사회문화로 정착되었습니다. 2009년 유명 매체인 주간 아사히신문을 통해 일본인들의 입에 이 단어가 오르내리기 시작했습니다. 일본에서의 종활은 단순히 수의나 묘지준비와 같은 장례 문제뿐만 아니라 유언장 작성, 재산상속, 주거와 가재처분, 각종 사후 행정처리와 같은 모든 일들을 포함하고 있습니다. 그뿐만 아니라 엔딩노트나 임종체험 등으로 대표되는 죽음체험 및 죽음에 대한 교육 프로그램들이 대중화되고 있습니다. 이와 관련된 산업도 빠르게 발전하고 있고 매년 종활 박람회의 규모나 참석자도 늘어나고 있습니다. 전문가들은 1인 고령가구가 빠르게 늘어났던

일본의 현실과 남에게 폐를 끼치기 싫어하는 일본 특유의 문화가 반영된 트렌드로 분석하고 있습니다.

최근 들어 우리나라에서도 이처럼 죽음에 대한 논의나 죽음준비 교육에 관한 관심이 빠르게 늘어나고 있습니다. 바로 '웰다잉(Well-dying)'에 대한 관심입니다. 예부터 우리나라는 죽음에 대한 언급은 몹시 꺼리고 삶에 대한 집착을 강하게 표현하는 문화가 있었습니다. 이러한 점을 대표적으로 보여주는 것이 바로 '개똥밭에 굴러도 이승이 낫다'는 속담입니다. 그런데 이제는 죽음에 대한 사람들의 인식이 바뀌고 있습니다. 노인뿐만 아니라 젊은 사람들도 먼저 나서서 죽음에 대해서 배우려고 합니다. '좋은 죽음'이 어떤 것인지에 대한 논의와 조사도 다양하게 진행되고 있습니다. 아직 미국이나 영국, 일본, 독일과 같이 죽음준비 교육이 학교 수업 과목으로 채택된 것은 아니지만, 어린 시절부터 죽음에 대한 교육을 받아야 한다는 제안들이 나올 만큼 웰다잉 문화에 대한 인식은 빠르게 확산되고 있습니다. 실제로 여러 기관이나 지방자치단체들에서 웰다잉과 관련된 행사를 다양하게 개최하고 있는 것을 어렵지 않게 볼 수 있습니다.

출처. 웰다잉관련 행사포스터, 구글 이미지 검색

교회 안에서도 웰다잉에 관한 관심은 빠르게 증가하고 있습니다. 2024년 목회데이터연구소의 조사에 따르면 교회에서 죽음에 대한 강의나 교육을 한다면 배울 의향이 있는지 물었더니 '배우고 싶다'는 응답이 78%로 대부분의 고령 교인이 관심을 보였습니다. '죽음 교육을 받을 의향률'은 2년 전 조사 결과(64%)보다 더 높아졌는데, 기대 수명과 함께 노후 기간도 늘어남에 따라 '웰다잉'에 대한 시니어들의 욕구도 빠르게 늘어나고 있음을 잘 보여주고 있습니다.

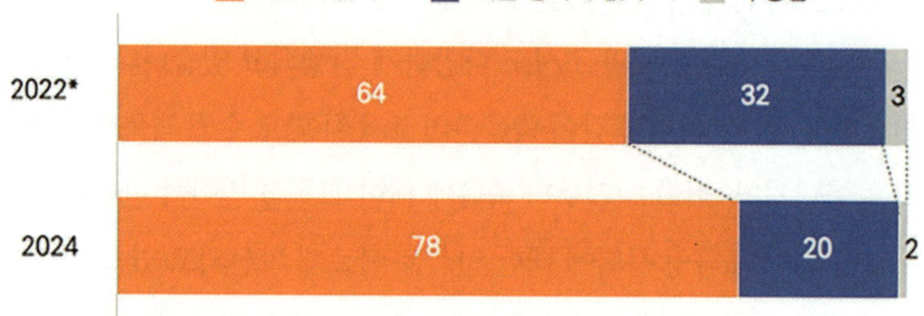


*2022년 : 미래목회와말씀연구원/아드폰테스/목회데이터연구소, '고령 교인의 신앙 생활 및 인식 조사', (교회의 만 65세 이상 남녀 성도 2,045명, 모바일 조사/종이 설문지 자기 기입식 조사 병행, 2022.05.18~06.28.)

출처. 목회데이터연구소. (2024. 8. 13.). 기독교 통계(251호)– 고령 교인 신앙과 시니어 목회 실태.

따라서 교회 안에 복음적인 웰다잉 프로그램들이 보다 적극적으로 개발되고 이를 잘 활용할 수 있는 전문가 양성이 필요합니다. 교회에서 말하는 죽음에 대한 준비와 교육은 세상에서 말하는 웰다잉의 관점이나 접근과는 달라야 합니다. 아니, 다를 수밖에 없습니다. 죽음에 대한 이해와 접근이 전혀 다르기 때문입니다.

서두에 소개한 팀 켈러 목사는 자신의 책을 통해서 현대사회는 어떻게든 죽음을 부정하려 하지만 우리는 그렇지 않다고 말했습니다. 신자들은 성경에 주어진 믿음의 자원으로 사랑하는 이의 죽음과 자신의 죽음을 맞이해야 한다고 이야기했습니다. 죽음은 가장 깊은 슬픔을 맞닥뜨리는 인생의 고비이지만, 그리스도인은 예수 그리스도의 십자가 죽음과 부활을 되새기며 은혜와 인내와 기쁨으로 죽음을 받아들여야 한다고 주장합니다. 이 과정에서 충분히 애도하는 경험이 굉장히 중요하다고 말합니다. 그리고 교회 안에서 죽음을 다룰 때 반드시 함께 이야기해야 할 부분은 바로 '부활'의 소망이라고 강조했습니다.

"신자는 죽든 살든 결과와 무관하게 늘 죽음을 이긴다. 예수 그리스도께서 죽음을 이기셨기에, 이제 죽음이 할 수 있는 일이라고는 우리를 지금까지 보다도 더 행복하고 더 사랑받는 존재가 되게 하는 것뿐이다. 예수님이 당신을 위해 죽으시고 부활하여 당신의 살아계신 구주가 되셨을진대 죽음이 당신에게 무엇을 어찌하겠는가?"

2023년 5월 19일, 실제로 그는 아래와 같은 마지막 기도를 남기고 하나님의 품에 안겼습니다.

"제가 살 수 있는 시간을 허락해 주셔서 하나님께 감사드립니다. 그러나 저는 이제 예수님을 만날 준비가 되었습니다. 주님 뵙기를 더 이상 기다릴 수 없습니다. 저를 본향으로 인도해주시옵소서(I'm thankful for the time God has given me, but I'm ready to see Jesus. I can't wait to see Jesus. Send me home)."

**시니어목회의 핵심: 나이듦의 영성을 온 성도가 함께 말하고 경험하게 하는 것**

사실 거룩한 나이듦에 관한 관심과 배움은 노년기에만 해당하는 것은 아닙니다. 사람은 누구나 이 땅에 태어나는 순간부터 눈을 감게 되는 순간까지 나이를 먹기 때문에 전 생애에 걸쳐 본인에게 필요한 거룩한 나이듦을 찾아가야 합니다. 어린 아이들은 빨리 나이를 먹어서 어른이 되고 싶어 합니다. 그래서 새해 떡국을 두 그릇 세 그릇씩 먹기도 하지요. 그런데 성인이 된 이후에는 나이를 먹고 싶지 않다고 말하곤 합니다. 흔히 말하는 아홉 수에 해당할 때는 더욱 그렇습니다. 하지만 각자의 생각이 어떻든 간에 나이는 남녀노소 빈부귀천을 가리지 않고 공평하게 한 해에 한 살씩만 먹게 됩니다. 이처럼 나이든다는 것은 모든 사람이 똑같이 공유하는 인생의 경험이기에 모두가 함께 공감하고 배울 수 있습니다.

거룩한 나이듦은 개인의 노력보다는 신앙공동체가 함께 논의하고 세워갈 때 더 효과적입니다. 시니어의 나이듦과 관련해서 교회 안의 소그룹과 회중이 어떻게 상호작용하며 성장해 갈 수 있는지 자세하게 살펴보도록 하겠습니다.

# 시니어를 위한 신앙공동체의 역할을 알아야 합니다

## 그리스도의 몸인 교회

찬송가 220장 '사랑하는 주님 앞에'의 3절에는 다음과 같은 가사가 나옵니다.

> 사랑하는 주님 예수 같은 주로 섬기나니
> 한 피 받아 한 몸 이룬 형제여 친구들이여
> 한 몸 같이 친밀하고 마음으로 하나되어
> 우리 주님 크신 뜻을 지성으로 준행하세

이 찬양의 가사는 '그리스도의 몸된 교회'를 잘 보여주고 있습니다. 이 찬양 가사의 표현처럼 한 몸으로서의 교회와 교회의 머리 되신 예수 그리스도의 관계에 대한 말씀들을 성경의 여러 곳에서 찾아볼 수 있습니다. 사도 바울은 롬 12:4~5에서 이렇게 말하고 있습니다.

4 우리가 한 몸에 많은 지체를 가졌으나 모든 지체가 같은 기능을 가진 것이 아니니
5 이와 같이 우리 많은 사람이 그리스도 안에서 한 몸이 되어 서로 지체가 되었느니라

고전 12:12에도 비슷한 표현이 나옵니다.

12 몸은 하나인데 많은 지체가 있고 몸의 지체가 많으나 한 몸임과 같이 그리스도도 그러하니라

이 밖에도 에베소서(1:22~23, 2:16, 4:4, 4:12, 4:15~16, 5:23, 5:30)와 골로새서(1:18~19, 1:24, 2:19, 3:15)에서도 교회를 그리스도와 연결된 몸으로 표현한 말씀이 등장합니다. 이처럼 성경은 예수님의 십자가 사건을 경험한 믿음의 자녀들이 그리스도의 사랑 안에서 유기적으로 한 몸을 이루고 있음을 강조하고 있습니다. 교회는 서로를 돌보며 함께 그리스도의 장성한 분량에 이르기까지 지속적으로 성장해 가는 그리스도의 몸입니다.


## 시니어 목회와 BCM교육목회제도

성결교회는 바로 이러한 그리스도의 몸을 중심 개념으로 하여 BCM(The Body of Christ Model)이라는 교육목회 제도를 개발하여 운영해 왔습니다.

이 BCM교육목회제도의 목적은 학령전기나 학령기 아이들에게만 해당하는 것이 아닙니다. 교회 안의 시니어들에게도 동일하게 적용됩니다. 전 생애, 전 세대를 대상으로 하여 기독교의 진리를 가르치고, 모든 이들을 제자로 삼아 하나님의 말씀을 지키며 살아가도록 하는 것은 우리 모두에게 맡겨진 마땅한 사명이기 때문입니다. 이 제도의 가장 큰 특징은 교회의 구성원들을 단순한 교육의 대상이 아니라 서로 영향을 주고받는 하나의 신앙공동체로 바라보고 있다는 것입니다. BCM은 단순한 교육제도가 아니라 목회의 원형을 회복시키고자 하는 노력이라고 말할 수 있습니다. 모든 성도를 단지 교육의 대상이 아니라 목회의 대상으로 바라봅니다. 전인적인 차원에서 서로의 신앙형성과 성숙을 위해 교회에 맡겨진 사명들을 성실하게 수행해야 함을 강조합니다. 그리고 이러한 목회적 마인드와 실천은 소수의 지도자가 아닌 교회의 전체 구성원에 의해 수행되어야 한다고 전제하고 있습니다. 여기에서 말하는 교회에 맡겨진 사명은 아래 그림에서 보는 것과 같이 예배(Leiturgia), 교육(Didache), 교제(Koinonia), 봉사(Diakonia) 그리고 선교(Kerygma)를 의미합니다.

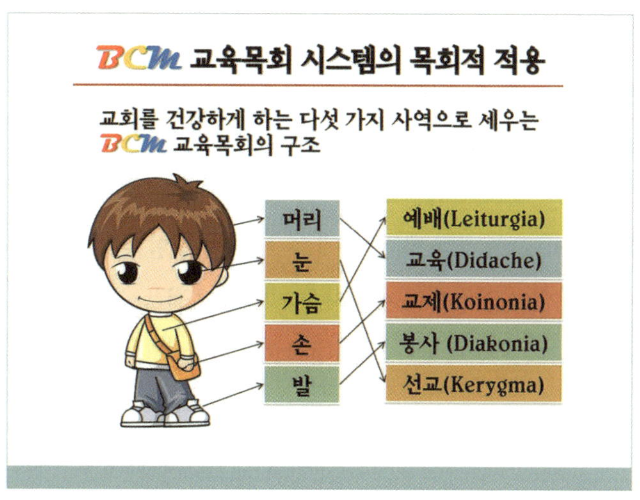


시니어들도 이 교회의 다섯 가지 사명을 성실히 세워나가야 할 교회의 일원이자 신앙공동체의 주역입니다. 그런데 여기에서 한 가지 의문이 생깁니다. '노화로 인해서 건강과 신체의 기능이 저하될 수밖에 없는 것이 시니어의 현실인데 과연 이분들이 젊은 세대처럼 교회의 모든 사역에 활발하게 참여하는 것이 가능할 것인가?'하는 점입니다. 물론 시니어들에게 젊은이들이 하는 것과 동일한 수준의 참여와 헌신을 기대하는 것은 무리입니다. 각자에게 맞는 역할과 자리가 있습니다. 사역자들은 구성원 각자의 능력과 개성을 존중해가며 사역의 방향과 깊이를 조율해야 합니다. 개인의 형편과 처지에 따라서 감당할 수 있는 모양으로 교회를 세워나가는 것이 자연스러운 신앙공동체의 모습입니다. 즉 모든 개인이 똑같은 몫을 감당하는 것이 아니라, 서로의 입장을 이해하고 배려해 가는 상호관계성 속에서 선한 영향을 주고받는 것이 한 몸으로서 아름답게 조화를 이루는 교회의 모습입니다.

과거 한국교회는 개인의 구원과 영적성숙을 대단히 중요하게 여기며 강조해 왔습니다. 말씀사경회와 부흥회를 통한 성경해석, 기도훈련 그리고 전도에 집중했습니다. 교회학교 방식의 교육과 성인들을 위한 양육과정, 다양한 성경공부 프로그램들도 활발하게 진행되었습니다. 이러한 노력들이 더해져 한국교회는 70~90년대에 큰 부흥을 경험했습니다. 그러나 한편으로는 개인의 신앙성장과 성경지식 전달에 초점을 맞추다 보니 공동체성과 사회를 향한 관심과 참여가 상대적으로 부족해지는 양상이 나타났습니다.

시니어 목회를 시도하는 분들과 대화를 나누다 보면 종종 '개인'에 지나치게 집중하는 방향으로 사역을 진행하려는 경우를 보게 됩니다. 상대적으로 취약한 시니어들이 겪고 있는 질병이나 소외의 문제, 영적인 침체를 빨리 해결해 주고 싶은 긍휼의 마음과 동정심이 작용하는 것입니다. 하지만 보다 효과적인 시니어 사역을 위해서는 목회적 시야를 보다 넓게 확장해야 할 필요가 있습니다. 개인, 즉 각 지체만을 보는 것이 아니라 그 지체들 사이의 관계를 보아야 합니다. 더 나아가 그 관계들에 영향을 미치는 다른 요소들이 있음을 기억하고 서로의 관계성을 주의 깊게 살펴야 합니다. BCM교육목회제도에서는 이 관계에 영향을 미치는 요인들을 다음과 같이 5개의 핵심요소로 규정하여 설명하고 있습니다.

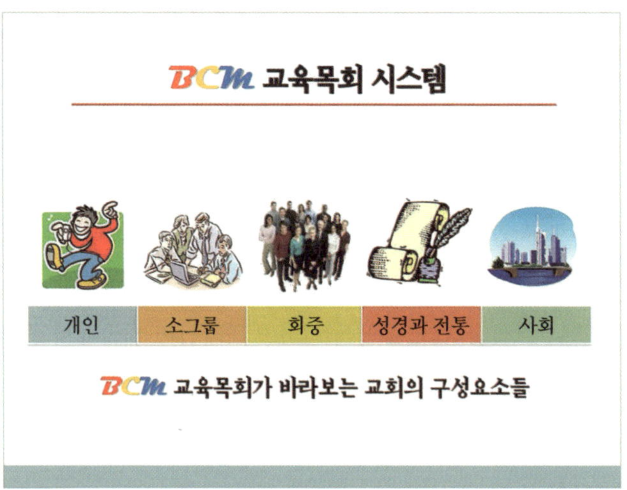


개인은 교회의 가장 기초적인 단위가 됩니다. 하나님의 형상을 따라 지으심을 받은 개인의 구원과 영적성장은 교육목회의 출발점입니다. 따라서 BCM교육목회제도에서는 기초적인 단위인 개인의 신앙형성과 발달에 깊은 관심을 둡니다. 그리고 모든 개인을 각 발달단계의 과업을 성실히 수행하며 전 생애에 걸쳐 긍정적, 지속적 변화를 이루어나가는 '성장하는 존재'로 이해합니다.

각 개인이 모이면 작은 공동체인 소그룹이 형성됩니다. 소그룹은 각 개인에게 깊이 있는 만남과 역동성을 선사합니다. 신앙교육은 지적, 정의적, 행동적인 영역들을 모두 포괄하면서 개인의 삶의 방식(Life-style)이 그리스도를 중심으로 자리매김하도록 안내하는 것입니다. 이 지점에서 소그룹이 매우 중요한 역할을 합니다. 소그룹은 각 지체에게 신앙에 관한 친절한 안내와 정보의 교환, 사랑의 돌봄과 중보의 체험이 이루어지는 '만남의 장'을 제공하기 때문입니다. 아무런 상호작용 없이 그저 서로가 같은 공간에 모여있는 피상적인 모임이라면 그것은 소그룹으로서 온전한 기능을 나타낼 수 없습니다. 소그룹의 핵심은 그리스도의 사랑을 통한 인격적 만남이 그 가운데에서 이루어져야 한다는 점입니다.

회중은 기독교 신앙공동체의 원형으로 교회의 구성원들이 모두 모인 전체를 의미합니다. 하나님께서 히브리 민족을 부르셨을 때 하나의 공동체로서 회중을 부르셨습니다. 구약에 의하면 하나님이 애굽에서 종살이하던 이스라엘 백성들을 구원해 내심으로 '하나님의 백성'이라는 무리가 형성되었습니다(신 7:6). 신약에서는 오순절에 베드로의 설교를 듣고 회개하여 예수 그리스도를 믿게 된 사람들이 초대교회라는 회중으로 모였다는 사실을 볼 수 있습니다. 회중은 '한곳에 모인 많은 사람'을 뜻하는 '군중'이 아닙니다. 하나님이 보내신 독생자 예수 그리스도를 영접하고 그 이름을 함께 부르는 자들의 모임(에클레시아, Ecclesia)이자 조직체인 것입니다.

그 회중의 성격을 결정하는 것은 다름 아닌 성경과 전통입니다. 회중의 신앙은 성경에 근거하여 생성되고 성장해야 합니다. 성경은 하나님의 감동으로 지어진 것입니다(딤후 3:16). 따라서 개인과 소그룹, 회중은 성경을 듣고 배우는 데 힘써야 합니다. 성령에 의해 말씀이 이해되고 그것이 삶으로 연결되는 경험을 공유하는 이들이 많아질 때 그 회중은 성숙한 신앙공동체가 될 수 있습니다. 전통은 기독교의 역사를 통한 신앙적 경험들과 그것에 반응한 결과들로 구성되어 있습니다. 예를 들어 예배의 요소들, 절기행사, 목사와 장로제도, 교회의 관습 등이 신앙전통에 해당됩니다. 전통들 가운데에서 중추적인 역할을 하는 것은 교단의 신학적 입장이라고 할 수 있습니다. 성결교회의 신학적 특성은 '개신교 복음주의, 웨슬리안, 사중복음'입니다. 성결교회의 신학과 전통은 몸으로서의 교회의 심장과 같아서 개인, 소그룹, 회중, 사회와 같은 교회의 각 지체들에게 혈액과 영양을 공급해 주는 역할을 합니다.

마지막 요소는 사회입니다. 기독교의 오랜 역사를 살펴보면 사회와 교회는 서로에 대해 다양한 입장과 태도를 보여왔습니다. 때로는 교회가 권위주의적으로 사회를 대하기도 하였고, 때로는 무관심하기도 하였습니다. 어느 시기에는 교회가 사회로부터 핍박을 당하거나 외면을 당하기도 하였습니다. 교회와 사회의 관계가 일방적이기만 한 관계가 아니었음을 우리는 알고 있습니다. 오늘날도 마찬가지입니다. 교통과 통신의 발달, 지역개발과 주거공간의 변화, 경제적 상황과 환경문제 등은 교회에도 직간접적으로 영향을 주고 있습니다. 특별히 지난 코로나 팬데믹 사태와 이로 인해 촉발된 각 교회의 대응은 '뉴노멀(New normal) 시대의 목회'라는 이슈를 만들기도 했습니다. 인터넷방송과 SNS의 발달도 교회가 사회 속에 존재하면서 큰 영향을 서로 주고받고 있음을 실감하게 하는 부분이기도 합니다. '성(聖)과 속(俗)'이라는 이분법적인 세계관으로 우리 모두가 살아가고 있는 이 사회를 '세속'으로 규정하는 것은 성급한 판단입니다. 이제 교회는 우리를 구성하는 중요한 자원으로서 사회를 이해하고 받아들여야 합니다. 사회 안에 교회의 성장 자원이 있다는 혁신적인 생각으로 사회 속에 있는 긍정적인 요소들을 찾아내야 합니다. 또한 우리가 그리스도의 사랑을 가지고 사회에 이바지해야 할 곳은 어디인지 찾아내고 적극적으로 섬김의 사명을 감당해야 합니다.

지금까지 설명한 이 다섯 가지-개인, 소그룹, 회중, 성경과 전통, 사회-

요소의 개념과 각 요소 간의 상호작용을 통합적으로 반영하고, 그 상호작용의 장을 사역의 범위로 삼는 것이 바로 BCM교육목회제도입니다.


## 시니어 목회를 위한 신앙공동체의 역할


이상에서 우리는 성결교단의 BCM교육목회제도를 살펴보았습니다. BCM이 가지고 있는 탁월함 가운데 하나는 '교회는 한 몸'이라는 전제 아래 모든 구성원을 사역의 대상이자 주체로 보고 있다는 점입니다. 그동안 BCM교육목회제도는 교사와 부모를 통해 교회 안의 다음세대들을 세우기 위한 사역에 집중해 왔습니다. 이제 앞으로는 시니어 목회가 교회 안에서 가장 빠르게 성장하는 사역이 될 것입니다. 신앙공동체는 우리나라와 교회를 위해 땀흘리고 헌신한 시니어들이 자녀들에게 존경받고 교회로부터 필요한 돌봄을 제공받을 수 있도록 힘써야 합니다. 동시에 시니어들이 인생의 경륜을 갖춘 지혜자로서 다음세대에게 멘토의 역할을 잘 감당하고 더 나아가 다양한 영역에서 탁월함을 드러내는 지도자의 역할을 할 수 있도록 지원해야 합니다. 그렇다고해서 앞으로 교회의 모든 사역 역량을 오직 시니어를 위한 방향으로 옮겨야 한다는 뜻은 아닙니다. 앞에서도 강조한 것처럼 그리스도를 통해 한 몸이 된 신앙공동체는 서로 연결되어 있음을 기억해야 합니다. 교회 안의 모든 세대가 자신의 자리에서 성실하게 맡겨진 사명을 감당해야 하며, 동시에 서로의 다름을 인정하고 존중하면서 서로를 세심한 배려로 돌봐주어야 합니다.

교회는 시니어들과 함께 하는 미래에 대해서 새로운 비전을 품고 시니어 목회를 위한 변화를 기꺼이 시도해야 합니다. 몇몇 '프로그램'을 시니어 사역이라고 생각하는 오류를 범해서는 안 됩니다. 경로잔치, 효도관광, 식사 대접, 초청공연처럼 단발성으로 그치고 마는 프로그램이 아니라 연결된 일상을 통해 지속적으로 주고받는 '목회적 돌봄'을 중심에 두어야 합니다. 물론 이러한 프로그램들도 교회의 재정과 인력이 투입되는 귀중한 사역입니다. 선한 목적으로 추진하는 프로그램이 평가절하되어서도 안 될 것입니다. 단지 그러한 프로그램들은 시니어 목회를 위한 도구로써 짜임새 있는 계획안에서 적절하게 활용할 때 비로소 빛이 나는 것이지 그것만으로는 시니어들을 위한 돌봄으로 충분하지 않다는 점을 강조하는 것입니다.

시니어 목회가 교회 안에서 뿌리내리고 잘 운영될 수 있도록 하기 위해서는 가장 먼저 신앙공동체 전체를 대상으로 다음과 같은 세 영역에서 지속적인 교육과 도전을 시도해야 합니다.


## 시니어를 위한 교육(For)

첫 번째로는 시니어를 위한 교육입니다.

당사자인 시니어들을 대상으로 하여 노화에 대해서 잘 이해할 수 있도록 친절하게 가르쳐주어야 합니다. 여기에는 노년기에 대한 성경적 이해와 소명에 대한 교육, 노화에 따른 신체적, 심리사회적, 신앙적 발달과 변화에 대한 정보전달이 모두 포함됩니다. 목회데이터연구소의 조사자료에 따르면, 시니어들이 가장 알고 싶어하는 교육내용으로 '노년기 질병 예방과 건강관리', '치매 예방과 관리', '노년기 건강식 생활', '우울증 예방과 극복' 등 주로 신체적, 정신적 건강에 관한 주제가 높게 나타났다는 것을 알 수 있습니다. 고령의 시니어일수록 건강에 대한 문제에 더 높은 관심을 두고 있는 것이 주목할 만한 점입니다. 그런가 하면 젊은 연령대의 시니어들은 '여가 시간 및 여가생활 설계', '대인관계 및 의사소통 기술', '건강한 가족(부부)관계' 등 활동적인 노후 생활을 위한 주제들이 타 연령에 비해 높게 나타나는 경향을 보였습니다. 이를 통해서 시니어들을 위한 교육을 계획할 때는 교회 내 시니어의 연령을 분석하고 상황에 따라 적합하며 세분화된 교육내용을 염두에 둘 필요가 있다는 것을 알 수 있습니다.

현재 필요한 노년기 교육(65세 이상 교인, 중복응답, 상위 7위, %)

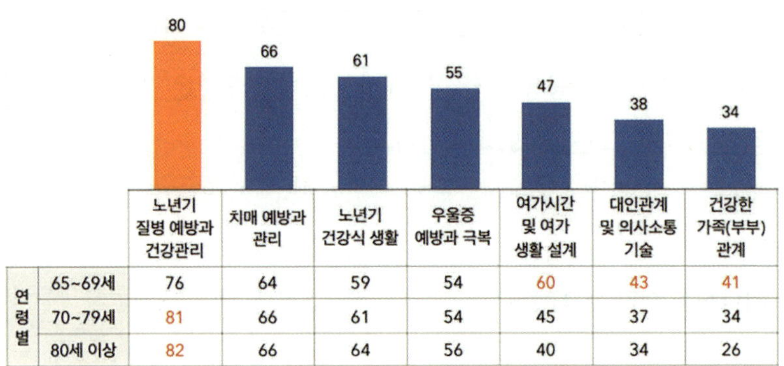

| 구분 | | 노년기 질병 예방과 건강관리 | 치매 예방과 관리 | 노년기 건강식 생활 | 우울증 예방과 극복 | 여가시간 및 여가 생활 설계 | 대인관계 및 의사소통 기술 | 건강한 가족(부부) 관계 |
|---|---|---|---|---|---|---|---|---|
| 연령별 | 65~69세 | 76 | 64 | 59 | 54 | 60 | 43 | 41 |
| | 70~79세 | 81 | 66 | 61 | 54 | 45 | 37 | 34 |
| | 80세 이상 | 82 | 66 | 64 | 56 | 40 | 34 | 26 |

출처. 목회데이터연구소. (2024. 8. 13.). 기독교 통계(251호)– 고령 교인 신앙과 시니어 목회 실태.

시니어를 위한 교육 가운데 빼놓을 수 없는 것이 바로 앞서 이야기한 '웰다잉'에 관한 교육입니다. 성경은 우리에게 죽음이라는 존재를 잊어버리고 살거나 회피하려 하지 말고, 오히려 죽음을 직시함으로써 지혜를 얻으라고 말합니다(전 3:1~2, 욥 14:5, 시 39:11, 시 49:10~12, 시 89:47~48, 히 9:27, 벧전 1:17). 교회에서 죽음에 대한 강의나 교육을 한다면 배울 의향이 있는지 물었더니 '배우고 싶다'는 응답이 전체 응답자의 78%로 매우 높게 나타났습니다. '죽음 교육을 받을 의향률'은 불과 2년 전 조사 결과(64%)보다 큰 폭으로 높아졌는데, 이는 기대 수명과 함께 노후 기간도 늘어남에 따라 스스로 존엄한 죽음을 준비하고 아름답게 인생을 마무리하고자 하는 '웰다잉' 욕구가 커지고 있음을 반영한 것입니다. 이러한 웰다잉 교육은 '잘 죽기 위한 교육'이 아니라 남아있는 시간을 '더 잘 살기 위한 교육'으로서 이미 사회에서는 다양한 방식의 웰다잉 프로그램들이 진행되고 있습니다. 교회 안에서도 시니어들을 위한 성경적인 웰다잉 교육이 시급한 시점입니다.

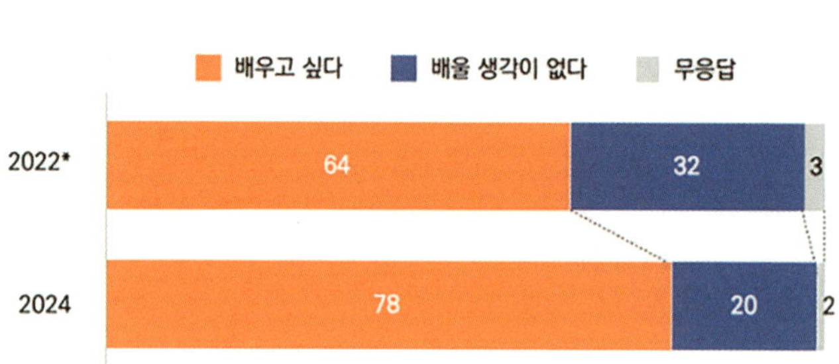



*2022년 : 미래목회와말씀연구원/아드폰테스/목회데이터연구소, '고령 교인의 신앙 생활 및 인식 조사',
(교회의 만 66세 이상 남녀 성도 2,045명, 모바일 조사/종이 설문지 자기 기입식 조사 병행, 2022.05.18~06.28.)

출처. 목회데이터연구소. (2024. 8. 13.). 기독교 통계(251호)– 고령 교인 신앙과 시니어 목회 실태.

## 시니어에 대한 교육(About)

두 번째는 시니어에 대한 교육입니다.

우리나라에서는 '나이' 그 자체만으로도 대접 받던 시대가 있었습니다. 단 한 살이라도 나이가 많으면 선배였고 어른이었습니다. 연장자를 공경하는 유교문화의 배경 위에 철저한 학년, 학번, 군번, 입사일 등의 구분을 통해 오랜 기간 형성되어 온 대한민국 고유의 나이+서열 문화라고 할 수 있습니다. 그래서 다른 나라에는 없는 '빠른 년생' 논란이 일어나기도 합니다. 그런데 오늘날에는 상황이 많이 달라졌습니다. 세대 간의 단절로 인해 어른 공경에 대한 인식이 과거와는 달라지고 있습니다. 가족의 형태가 대가족에서 핵가족 형태로, 그리고 1인 가구 중심으로 빠르게 변화되면서 세대 간 갈등은 점점 심화하고 있습니다. 아래의 표와 같이 우리나라의 젊은 세대는 노인에 대해서 긍정적으로 인식하기보다는 부정적인 인식을 더 많이 가지고 있는 것을 알 수 있습니다. 노인에 대한 부정적인 인식은 편견과 차별로 이어지고 있습니다. 그 수위가 높아지면서 '노인혐오'라는 말까지 등장하였고 노인들을 지칭하는 험한 신조어들마저 등장하였습니다. 아무리 나이가 많더라도 생활 속에서 불편함을 유발하는 무례한 노인들까지 공경할 필요는 없다는 이야기들이 온라인상에서 쉽게 볼 수 있습니다.

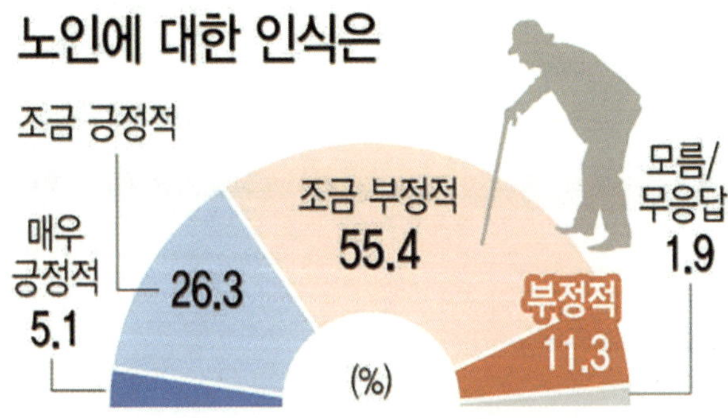


※ 4월 1~5일 만 18세 이상 남녀 1,000명 대상,
표본오차 ±3.1%p (95% 신뢰수준) 조사기관:한길리서치

출처. 문승용, 김경은. (2023. 5. 16.) 대한민국은 행복한 노후를 맞을 준비가 되어 있습니까. 이데일리.

대한민국이 초고령사회로 접어들면서 노인 부양에 대한 젊은 세대들의 경제적 부담은 계속 증가하고 있습니다. 이에 따라 세대 갈등의 문제는 더욱 심화할 것으로 보입니다. 문제는 이러한 세대 간 단절과 불통의 문제가 교회 안에서도 빈번하게 나타나고 있다는 점입니다. 농어촌 교회에는 지역적 특성으로 인해 교회학교 자체가 없는 경우가 많습니다. 교회학교가 조직된 교회라 하더라도 유치부-아동부-청소년부-청년부와 같은 방식으로 젊은 세대들이 별도의 공간에서 따로 예배를 드리는 경우가 많습니다. 온 세대가 함께 모이거나 젊은 세대와 시니어들이 서로 대화를 나눌 수 있는 기회가 부족한 것이 현실입니다. 이제부터라도 교회는 시니어와 젊은 세대가 서로 어떤 삶을 살아왔고, 어떤 현재를 살아가고 있는지 이해시키기 위해 만남의 기회와 장소를 적극적으로 마련해야 합니다. 세대 간 오해를 불러일으키는 생각의 차이와 다름에 대해 인정할 수 있도록 가르쳐 주어야 합니다.

젊은 세대들에게 사람은 누구나 살아가면서 노화를 경험한다는 사실을 짚어주고, 본인들의 노년기를 지금부터 어떻게 준비해야 하는지도 알려주어야 합니다. 교회 안의 시니어들이 인생의 행복한 시기를 모두 흘려보낸 불쌍하고 힘없는 존재가 아니라 여전히 영적으로 성장할 수 있는 지혜로운 선배들임을 가르쳐주기 위해 각 부서별 예배나 모임에 시니어들을 초청하여 이야기를 들어보는 것도 매우 좋은 시도입니다. '시니어(Senior)'라는 단어에는 '연장자'나 '상급자'라는 사전적 의미가 있습니다. 미국을 포함한 여러 나라에서는 졸업을 앞둔 마지막 학년, 즉 졸업반 학생을 부르는 말로 이 단어를 사용하곤 합니다. 이 점에 착안하여 시니어들이 신앙공동체의 '선배'로서 후배들에게 삶의 지혜를 전하고 함께 공동체를 돌아보는 지체임을 다른 모든 세대에게 알려주어야 합니다.

## 시니어에 의한 교육(By)

세 번째는 시니어에 의한 교육입니다.

앞서 예로 들은 '각 부서별 모임에 시니어들이 직접 강사나 교사로 참여하게 하는 것'처럼 교회 안에서 시니어들이 사역의 주체가 되는 것을 말합니다. 모세는 죽음을 앞에 두고 이스라엘 백성들에게 다음과 같은 말을 남겼습니다.

옛날을 기억하라 역대의 연대를 생각하라 네 아버지에게 물으라 그가 네게 설명할 것이요 네 어른들에게 물으라 그들이 네게 말하리로다(신 32:7)

시니어들은 삶의 경험과 지혜를 후대에 물려줄 책임과 자격이 있는 사람들입니다. 교회의 지체들이 시니어들에게 질문을 던지고 도움을 구해올 때 그들에게 자신이 경험한 하나님의 사랑과 신실하심을 전해줄 수 있어야 합니다. 이때 시니어들이 반드시 성공과 성취의 경험만을 말해야 하는 것은 아닙니다. 때로는 자신이 경험한 인생의 실패나 영적 침체에 대해서도 얼마든지 이야기할 수 있습니다. 그러한 실패를 통해 얻은 지혜와 그것을 극복한 경험을 나누는 것이 신앙공동체에 더욱 큰 깨달음과 교훈을 줄 수 있기 때문입니다.

'고령 교인 신앙과 시니어 목회 실태'에 대한 조사는 시니어들이 사역의 주체가 되는 것과 관련하여 의미 있는 응답결과를 보여주고 있습니다.

직분 은퇴 후 교회 역할 변화에 대한 인식(71세 이상 교인, '그렇다' 비율, %)

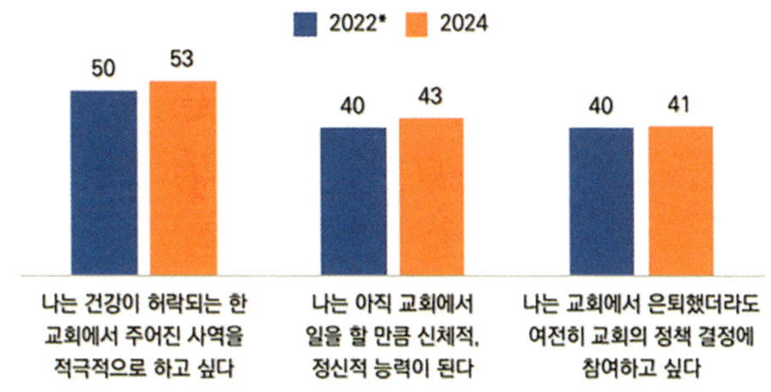


*2022년 : 미래목회와말씀연구원/아드폰테스/목회데이터연구소, '고령 교인의 신앙 생활 및 인식 조사', (교회의 만 65세 이상 남녀 성도 2,045명, 모바일 조사/종이 설문지 자기 기입식 조사 병행, 2022.05.18~06.28.)

출처. 목회데이터연구소. (2024. 8. 13.). 기독교 통계(251호)– 고령 교인 신앙과 시니어 목회 실태.

조사를 시행한 목회데이터연구소는 평신도 사역자의 부족으로 어려움을 겪는 오늘날의 교회들이 시니어들을 교회사역에 적극 참여시킴으로써 교회의 인력 부족 문제를 일부 해소할 수 있을 것으로 분석했습니다. 뿐만 아니라 고령 교인들의 신앙생활 동기부여에도 도움이 되기 때문에 시니어들이 교회 사역에 참여할 수 있는 기회를 적극 마련할 필요가 있다고 제안했습니다.

실제로 시니어에 의한 교육은 다른 세대들에게도 유익을 주지만 그 누구보다 시니어 자신들에게 매우 큰 도움이 됩니다. 시니어 목회는 시니어들의 자기인식과 관련하여 '사고의 전환'을 지향합니다. 바로 시니어들이 스스로를 '돌봄의 대상'에서 '사역의 주체'로 인식을 확장하도록 만드는 것입니다. 그것을 달성하는 가장 효과적인 방법이 다른 이들을 돌보는 사역의 중심에 본인이 직접 서 보는 것입니다. 각자가 가진 달란트와 대상자의 필요를 고려하여 교육의 주체로 시니어들이 참여할 때 기분 좋은 긴장감과 함께 신앙공동체의 한 지체로서 느끼는 소속감과 자기효능감을 얻을 수 있습니다. 자신들의 열정과 용기를 교회에 선물함으로써 시니어 자신도 값진 선물을 얻게 되는 것입니다. 이러한 경험을 하는 시니어들이 점점 늘어나서 교회 안의 모든 세대들이 함께 성장할 수 있도록 선순환의 고리를 만드는 것이 시니어 목회의 중요한 과제입니다.


### All for one, One for all


프랑스의 작가 알렉상드르 뒤마(Alexandre Dumas)가 쓴 『삼총사(Three Musketeers)』에는 'Unus pro omnibus, omnes pro uno'라는 라틴어 격언이 등장합니다. 소설 속의 주인공인 달타냥과 세 명의 총사들은 이 말을 인용하여 'All for one, One for all(모두는 하나를 위해! 하나는 모두를 위해)!'이라고 외치면서 의기투합합니다. 후에 이 소설을 원작으로 영화도 여러 편 만들어졌습니다. 소설과 영화 속에서 네 사람이 칼을 맞대고 한 목소리로 구호를 외치는 장면은 대단히 인상적입니다.

그런데 이 작품이 세상에 나오기 훨씬 전부터 교회는 이미 'All for one, One for all'을 실천하고 있었습니다. BCM(The Body of Christ Model)의 정신은 교회의 머리되신 예수님을 중심으로 신앙공동체의 모든 구성원이 하나가 되어 성결하고 성령충만한 삶을 살아가며, 각자의 자리에서 맡겨진 소명을 감당하면서 각 지체들이 서로를 사랑으로 돌보는 것입니다.

시니어 목회도 마찬가지입니다. 온 교회가 하나가 되어서 함께 세워가야 하는 사역입니다. 담임목회자 혼자서 할 수 있는 일이 아닙니다. 부교역자 한 사람에게 맡긴다고 해결이 되는 일도 아닙니다. 온 교회가 한마음이 되어 움직일 때 비로소 거룩한 변화를 이끌어 낼 수 있습니다. 그리고 이제는 교회를 함께 세워가는 일에 시니어들도 중요한 축을 담당하도록 초청해야 합니다. 그렇게 할 때에 모두가 한 몸이 되어 만든 그 변화가 초고령시대의 한가운데에 놓인 여러분의 교회에 놀라운 부흥과 영적 성숙을 가져다줄 것입니다. 이 값진 경험을 통해서 여러분들은 '진정한 그리스도의 몸 된 교회'를 이룰 수 있게 될 것입니다.

## 시니어 목회적 관점에서 우리 교회의 상황을 알아야 합니다

보스톤 대학에서 성인신앙교육을 가르친 제인 리건(Jane E. Regan) 박사는 자신의 책 『Toward an Adult Church: A Vision of Faith Formation』에서 다음과 같이 말했습니다.

"교회가 활기를 띠려면 어떻게 해야 할까요?
어떻게하면 교회가 본연의 사명인 하나님 나라를 잘 선포할 수 있을까요?
우리 교회의 에너지와 자원들을
시니어들의 지속적인 신앙생활을 향하여 집중시키는 것이야말로
그 해답임을 나는 확신합니다."

기존의 단편적인 노인 대상 프로그램을 답습하는 수준을 벗어나서 초고령시대에 적합하고 지속가능성이 있는 시니어 목회를 펼쳐나가려면 교회의 사역 역량을 확보하고 이를 효과적으로 집중시키는 방법에 대한 고민이 필수적입니다. 시니어 목회를 시작하려는 교회나 이미 시니어 목회를 하고 있지만 보다 더 효과적인 사역을 추구하는 교회들을 위한 실제적인

지침을 제공하고자 합니다.


## 시니어 목회를 위한 첫걸음


건강을 위해서 운동을 해야겠다고 결심을 하는 사람들이 피트니스센터를 찾아가면 가장 먼저 거치는 과정이 있습니다. 바로 '체성분 검사(Bio-electric Impedance Analysis)'입니다. 종합검진을 할 때에도 체성분 검사가 필수항목으로 들어갑니다. 기계를 통해 미세한 전류를 흘려보내서 감지되는 전기저항값으로 우리 몸의 구성성분(체수분량, 단백질, 무기질, 체지방)을 추정하는 방식입니다. 시니어 목회를 시작할 때도 마찬가지입니다. 현재 내 몸의 상태가 어떠한지를 알아야 체지방 감량이나 근육량 증가를 위한 운동요법과 식단조절, 더 나아가 치료의 필요 여부를 알 수 있는 것처럼, 우리 교회의 상황에 대한 다양한 정보를 모으고 나서 시니어 목회의 목표와 방향을 설정하는 것이 필요합니다. 이것이 우선 해야 할 일입니다. 그렇다면 시니어 목회를 위해 알아보아야 할 정보에는 어떤 것이 있을까요?

첫 번째는 우리 교회의 고령화율 즉, 현재 얼마나 많은 시니어가 있는가를 알아보아야 합니다. 이 작업을 하면서 동시에 교회의 연령별 분포를 확인하면 더욱 좋습니다. 향후 시니어 목회에 포함될 인원과 진입의 시기를 가늠하는데 이 연령별 분포는 중요한 참고자료가 되기 때문입니다.

이 책의 서두에서 소개한 초고령사회를 분류하는 기준에 대해서 기억하고 계십니까? 65세 이상 인구가 전체 구성원의 20%를 넘으면 초고령사회로 분류합니다. 대한민국은 2024년 현재 초고령사회 진입을 눈앞에 두고 있습니다. 세계에서 고령화율이 가장 높은 일본의 경우에는 약 30% 정도입니다. 그렇다면 여러분 교회의 고령화율은 얼마나 될까요? 농어촌지역의 교회는 매우 높은 수준일 것입니다. 몇몇 교회를 제외하고는 대다수 교회들이 우리나라나 일본의 고령화율보다 높은 수준일 것입니다. 막상 숫자로 확인해 보면 한국교회의 고령화에 대해서 실감하게 될 것입니다.

조사를 위해서는 각 교회에서 사용하고 있는 교적 관리 프로그램을 활용하면 세대별 분포를 간단하게 확인할 수 있습니다. 이때 재적인원과 주일예배 출석인원의 차이가 크게 나지 않는다면 재적인원으로 조사를 진행해도 무방하지만 만약에 그 차이가 크게 나는 상황이라면 주일예배 출석인원을 기준으로 하는 것이 적합합니다. 별도의 교적 관리 프로그램을 사용하지 않아서 연령별 데이터가 없는 교회라면 앞으로 한달 간 주일예배 출석인원을 기준으로 연령별 분포 및 통계를 작성해 보시길 권합니다. 오른쪽의 표와 같이 10세 단위로 대상연령 인원을 조사하여 기록한 후에 전체인원으로 나누어서 해당 비율도 적어보고, 가능하다면 그래프와 같이 시각적으로 바로 확인할 수 있는 결과물로 만들어두면 더욱 좋습니다.

| 구분 | 대상연령 인원 | 비율<br>(대상연령 인원/전체인원)×100 |
| --- | --- | --- |
| 10세 미만 | 명 | % |
| 10~19세 | 명 | % |
| 20~29세 | 명 | % |
| 30~39세 | 명 | % |
| 40~49세 | 명 | % |
| 50~59세 | 명 | % |
| 60~69세 | 명 | % |
| 70~79세 | 명 | % |
| 80~89세 | 명 | % |
| 90~99세 | 명 | % |
| 100세 이상 | 명 | % |
| 합계 | 명 | 100% |

*고령화율 계산식
(65세(or70대)~100세 이상 인원 합계/전체인원)×100

교회의 고령화 비율 파악을 위한 조사표 예시

두 번째는 그동안 우리교회에서 진행했던 시니어를 위한 사역이나 유사한 목회활동에 대해서 살펴보는 것입니다. 헌신예배, 시니어를 위한 설교, 성경공부, 시니어강좌, 경로잔치, 어버이날 선물, 효도관광, 순교지탐방, 선교여행, 심방 등이 포함됩니다. 찬양대회나 전통놀이처럼 시니어를 포함하여 교회의 모든 성도가 함께 참여하는 세대통합 프로그램도 해당될 수 있습니다. 각 프로그램의 시행 목적과 빈도, 예결산에 대한 기록이 있다면 이를 함께 확인해야 합니다. 가능하다면 각각의 프로그램에 대한 성도들의 후기나 만족도에 대해서도 조사하십시오. 만족도가 높았던 프로그램이 있다면 더 유익하고 흥미를 느낄 수 있는 방향으로 개선하여 진행해야 합니다. 참여도나 만족도가 저조한 프로그램에 대해서는 그 원인을 분석해 보아야 합니다. 뚜렷한 목적 없이 진행했거나 현재도 실행되고 있는 프로그램이라고 판단되면 과감하게 다른 프로그램으로 변화를 주는 결단을 해야 합니다.

세 번째는 우리 교회의 역사자료를 수집하는 일입니다. 교회가 처음 개척될 무렵의 사진이나 문서자료부터 지금의 시니어들이 은퇴 이전에 열심히 참여했던 교회의 행사들과 관련한 사진과 영상자료들을 모아두면 향후 시니어 목회를 진행할 때 요긴하게 활용할 수 있습니다. 특별히 70~90년대의 부흥을 경험한 교회들이라면 바로 이 시기에 신앙생활을 했던 현재의 시니어들에게 그 시절의 뜨거움에 대한 깊은 향수가 있음을 이해해야 합니다.

출처. 동안교회 역사자료실–1990년 성결의 소리 성극 사진

성전을 건축하거나 증축하기 위해서 직접 벽돌과 시멘트 같은 건축자재를 나르고, 에어컨도 없는 예배당에서 땀을 뻘뻘 흘려가면서 북을 치고 기도했던 말씀사경회와 부흥회의 기억, 문학의 밤, 성탄절을 맞이하여 집집마다 새벽송을 돌았던 일들은 오늘날 신앙생활을 하는 젊은 세대는 알지 못하는 시니어들만의 추억입니다. 현재의 교회가 있기까지 수고하고 헌신한 시니어들의 모습은 말로 설명하는 것보다 직접 보여주는 것이 가장 확실합니다. 필요하다면 특별히 한달 정도의 역사자료 수집기간을 선포하고 성도들이 각자 보관 중인 자료들을 받아서 일목요연하게 정리하면 좋은 사역의 도구가 될 것입니다.

네 번째는 우리 교회의 환경이 얼마나 고령친화적인지를 조사해야 합니다. '고령친화(高齡親和)'는 말 그대로 노화에 따라 발생하는 시니어들의 발달적 변화(특히 신체적 변화)와 관련해서 이들이 얼마나 편리하게 해당 건물 및 제반 서비스를 이용할 수 있는지를 의미합니다.

고려대학교 고령사회연구소에서 펴낸 『2022 대한민국이 열광할 시니어 트렌드』의 부제가 바로 고령친화를 뜻하는 '에이지 프렌들리(Age-friendly)'입니다. 이 책에 따르면 일찍이 2018년에 미국의 경제 잡지 포브스에서 '준비된 기업에게는 고령화가 곧 축복이 될 것'이라고 예측했다고 합니다. 급격히 증가하는 고령 소비자에 맞춰 제품과 서비스를 생산하는 에이지 프렌들리 제품과 그것을 생산할 줄 아는 기업들이 전 세계적으로 각광을 받고 있기 때문입니다. 최근 선진국에서는 에이지 프렌들리 인증제도까지 도입하고 있습니다. 즉 고령자가 살기 좋은 도시에서부터, 이들이 이용하기 편한 식당이나 상품 등에 인증마크를 붙여주는 것입니다. 이러한 추세는 기업은 물론 우리 사회가 더 이상 고령자를 배제하는 방식으로는 성장할 수 없다는 사실을 보여줍니다.

교회도 마찬가지입니다. 고령화에 대한 준비가 된 교회는 오늘날의 고령화가 마냥 두렵게 다가오지 않을 것입니다. 오히려 기회라고 받아들이거나 새로운 도전이라고 생각할 것입니다. 여러분의 교회는 고령친화적인 교회입니까? 이 질문에 대답하기 위해서는 교회의 구석구석을 살펴야 합니다. 보다 쉽게 말하면, 시니어들이 우리 교회에서 불편함을 겪는 일들은 없는지 살피는 노력이 필요합니다. 예를 들어 고령의 시니어일수록 예배에 참여하고 싶어도 이동에 불편을 느끼기 때문에 교회에 나오지 못하는 경우가 매우 많습니다. 차량운행이나 엘리베이터의 설치 여부, 좁고 가파른 계단, 울퉁불퉁한 바닥이나 보도블록, 시니어들이 이용하기 힘든 화장실과 같은 것이 이와 관련된 대표적인 교회환경입니다.

물론 차량이나 엘리베이터, 화장실 리모델링 등은 비용에 대한 부담이 매우 크기 때문에 단시간 내에 바꾸기는 쉽지 않은 것이 사실입니다. 그러나 비교적 쉽게 바꿀 수 있는 것들도 많이 있습니다. 예배실의 음향 크기나 화면의 자막 크기 등입니다. 예배실의 냉난방 온도나 장의자의 간격도 마찬가지입니다. 이러한 부분은 즉시 조정이 가능한 부분입니다. 주보를 포함한 간행물의 글자 크기나 예배실의 조명 밝기 등도 조금만 신경을 쓴다면 시니어들에게 조금 더 친절한 교회가 되었다고 느끼게 할 수 있습니다. 이 부분과 관련해서 젊은 세대가 미처 생각하지 못하는 시니어들만의 불편한 지점들이 있기에 당사자인 시니어 그룹에 도움을 청해보는 것도 도움이 될 것입니다.

다섯 번째로는 우리 교회가 속한 지역에 대한 정보를 수집하는 것입니다. 대부분의 지방자지단체는 다음과 같이 홈페이지에 해당지역에 대한 인구현황을 올려두고 있습니다. 이러한 자료들을 통해서 우리 지역의 고령화 현황을 손쉽게 파악할 수 있습니다. 우리 교회가 속해 있는 지역의 고령화 정도를 알아보는 것은 대단히 중요합니다. 현재 몇몇 도시를 제외한 지방자치단체들의 가장 큰 관심사는 '지방도시 소멸' 이슈입니다. 저출산 고령화로 인해서 여러 도시의 인구가 지속적으로 감소하고 있습니다. 이를 해결하고자 다양한 정책들이 등장하고 있습니다. 따라서 구청, 시청, 군청이나 주민자치센터 등의 홈페이지에서 '노인'이라는 키워드로 검색을 해보면 노인복지정책, 노인일자리, 노인관련 행사 등의 다양한 정보를 볼 수 있습니다.

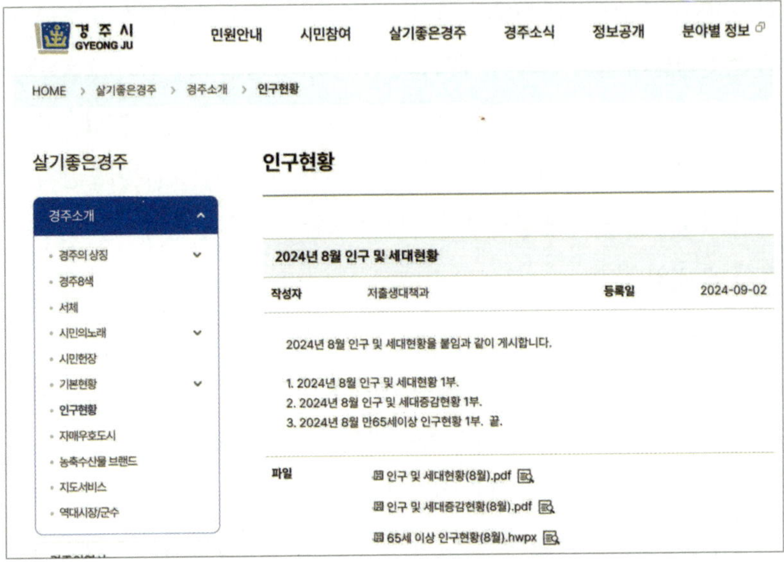



출처. 경주시청 홈페이지, https://www.gyeongju.go.kr/

　지방자치단체의 홈페이지뿐만 아니라, 지역 내에 있는 노인복지관, 자원봉사센터, 보건소, 치매안심센터, 경찰서, 소방서 등의 관공서나 공공기관의 홈페이지에도 시니어 목회에 접목할 수 있는 좋은 정보들이 종종 올라올 때가 있습니다. 또한 대학교 등의 교육기관이나 규모가 있는 기업들에서도 '사회공헌활동(CSR, Corporate social responsibility)'의 일환으로 다양한 사업들을 진행하고 있기 때문에 주의 깊게 살펴볼 필요가 있습니다.

　그런데 교회가 지역사회로부터 일방적으로 도움을 받는 일만 생각할 것은 아닙니다. 교회 안의 시니어들이 지역사회를 섬기고 어려운 이들에게 봉사할 수 있는 자리와 기회들도 얼마든지 찾을 수 있습니다. 앞서 지방자치단체들이 지방도시 소멸 문제로 고민하고 있다고 했습니다. 이 문제를 해결하기 위해서 정부는 '지역사회통합돌봄(커뮤니티케어)' 계획을 추진하고 있습니다. 지역사회통합돌봄이란 돌봄이 필요한 고령자 및 장애인들이 살던 곳에서 개개인의 욕구에 맞는 서비스를 누리고 지역사회와 함께 어울려 살아갈 수 있도록 주거, 보건의료, 요양, 돌봄, 독립생활 등을 통합적으로 지원하는 지역주도형 사회서비스정책입니다.

다음 그림에서 한가운데에 있는 회색의 동그라미는 돌봄이 필요한 취약계층(고령자 및 장애인 등)과 이들의 거주하는 자택을 의미합니다. 그리고 주변을 둘러싸고 있는 다른 원들은 이들이 살고 있는 지역사회의 범주를 표현하고 있습니다. 그 안에는 보건의료기관, 관공서, 복지시설, 자원봉사기관, 각종 서비스업체 등 연계가 가능한 다양한 사회적 자원들이 있습니다. 즉 대상자들이 익숙한 지역사회 내에서 여러 주체로부터 충분한 돌봄을 받으며 살아갈 수 있도록(AIP, Aging in place) 하는 것이 이 정책의 취지입니다.

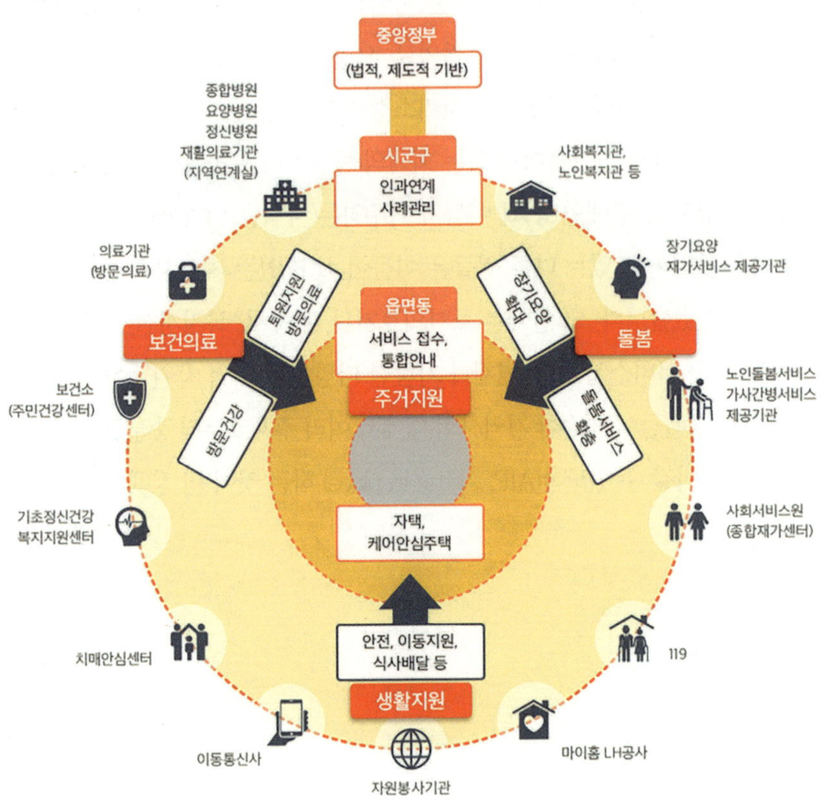


출처. 대한민국 정책브리핑. (2021. 11. 17.). 지역사회 통합 돌봄(커뮤니티 케어). 문화체육관광부.

초고령사회를 앞둔 시점에서 광범위한 돌봄 불안을 해소하고 고령자와 장애인들이 지역사회 내에서 삶의 질을 유지하며 살아갈 수 있도록 하기 위해서는 공공기관과 의료시설뿐만 아니라 보다 다양한 지역사회 구성원들의 참여와 돌봄의 손길이 필요합니다. 교회는 이러한 일을 하기에 최적화된 공동체입니다. 그리스도의 희생과 사랑을 통해 구원받고, 제자로 부르심을 받은 이들이 모인 곳이기에 섬김과 돌봄에 대한 동기부여가 남다를 수밖에 없습니다. 교회는 이러한 기회를 단순한 봉사활동 정도로 치부해서는 안 됩니다. 이것을 일종의 사명으로 이해하고 적극적으로 실천해야 합니다. '민원을 발생시키는 교회'가 아니라 '민원을 해결해 주는 교회'가 되도록 노력해야 합니다. 그리고 이 선한 사역의 주체로 헌신된 시니어를 세울 수 있어야 합니다. 이러한 봉사는 도움을 받는 이들은 물론 시니어 자신과 교회에도 큰 유익이 됩니다. 지역사회를 벗어나서 홀로 우뚝 서 있을 수 있는 교회는 없다는 사실을 목회자는 언제나 기억해야 합니다.

마지막으로 우리 교회 안에서 시니어 목회를 위해 동원할 수 있는 인적 자원이 얼마나 되는지 살펴보아야 합니다. 시니어 사역은 온 교회가 관심을 갖고 함께 세워나가야 하는 일입니다. 그러나 효과적인 사역을 위해서는 시니어 목회를 책임지고 이끌어갈 헌신적인 책임자가 필요합니다.

이 책임자에게는 몇 가지 요구되는 점들이 있습니다. 가장 먼저 인간의 노화와 시니어들의 삶에 관한 관심과 흥미가 있어야 합니다. 이 점은 '노인'에 대한 그 어떠한 학위나 자격증보다 선행되는 조건입니다. 노년기를 바라보면서 '찬란했던 인생을 뒤로하고 마지막 순간인 죽음을 준비하는 시기'라는 고정관념에 사로잡혀 있다면 이 사역을 감당하기에는 적합하지 않습니다. 시니어들의 과거와 현재, 그리고 미래에 대한 목적의식이 있어야 합니다. 시니어들의 삶에 신앙적 의미를 불어 넣는 것이 큰 즐거움이요, 이 것이 오늘날의 신앙공동체가 감당할 수 있는 가장 훌륭한 사역 중에 하나라는 믿음이 필요합니다.

시니어 사역자에게 필요한 또 다른 소양은 바로 '경청과 공감'의 자세입니다. 시니어들과 대화를 나누어본 사람이라면 공통으로 느끼는 것 가운데 하나가 바로 '했던 얘기를 자꾸 반복해서 하신다.'라는 점입니다. 그런데 이와는 대조적으로 시니어들이 가진 답답함 가운데 하나는 '하고 싶은 말은 많은데 들어주는 사람이 없다.'는 것입니다. 훌륭한 시니어 사역자는 시니어들이 하는 말에 귀를 기울이고 충분히 공감해 줄 수 있는 굿 리스너(Good listener)가 되어야 합니다. 이러한 경청과 공감의 기술은 목회상담과 같은 교육과 전문적인 훈련을 통해서 보다 나은 수준으로 향상할 수 있습니다. 뿐만 아니라 시니어 사역자는 노년기의 발달적 특징을 이해하고 시니어들과 효과적으로 소통하는데 필요한 다양한 정보와 기술들을 적극적으로 배우고자 하는 자세도 갖추어야 합니다.

한 가지 놓치지 말아야 할 사실은 시니어 사역자가 세워졌다고 해서 홀로 시니어 목회와 관련된 모든 일을 하는 것은 불가능하다는 점입니다. 시니어 사역자를 돕고 시니어 목회가 우리 교회에서 지속가능한 사역이 될 수 있도록 지원해 주는 팀이 필요합니다. 교회의 상황에 따라 사역팀이 될 수도 있고 특별부서나 위원회가 될 수도 있습니다. 이 그룹이 해야 하는 일들은 다음과 같습니다.


- 시니어 목회에 대한 장단기 계획 수립 및 자문 제공
- 시니어 목회에 대한 분위기 조성과 홍보
- 시니어 목회를 위한 재정 지원 및 기금 마련

- 시니어 목회에 대한 평가 및 피드백 제공
- 시니어 사역자의 자기 개발 지원
- 시니어 목회를 위한 정보수집 및 타 교회와의 협력 지원

## '알아보기'가 끝났다면 이제는 '실전'입니다!

지금까지 우리는 시니어 목회를 시작하기 전에 알아야 할 점들에 대해서 살펴보았습니다.

가장 먼저 현재 대한민국이 마주하고 있는 초고령화라는 현실에 대해서 알아보았습니다. 우리 사회가 경험하고 있는 초고령화의 문제와 그보다 더욱 심각한 상태임에도 불구하고 별다른 대응을 하지 못하고 있는 한국교회의 현실에 대해 말씀드렸습니다. 이어서 최근 은퇴를 경험하는 소위 '액티브 시니어'가 과거 산업화시대의 노년 세대와 어떤 차이점들이 있는지도 살펴보았습니다. 그 후에 시니어 목회에서 가장 중요한 부분이라고 할 수 있는 거룩한 나이듦과 신앙공동체의 역할에 대해서 차례대로 설명하였습니다. 마지막으로 우리 교회의 상황을 이해하기 위해서 알아보아야 할 점들을 살펴보았습니다.

이 모든 과정들은 '시니어 목회의 도입과 적용'을 위한 기본과정인 셈입니다. 여기까지만 해도 적지 않은 양의 공부를 하셨지만, 이제부터는 시니어 목회의 본격적인 실행을 위한 절차와 방법들에 대해서 조금 더 자세히 살펴보려고 합니다. 시니어 목회가 이 시대와 우리 교회에 꼭 필요하다고 생각하신다면 다음 장에서 보다 구체적인 도움들을 받으실 수 있을 것입니다.

# PART B

2장

## 효과적인 시니어 사역의 운영

# 2장

# 효과적인 시니어 사역의 운영

## 1단계: 사전점검 및 기획하기

### 시니어 목회? 그게 뭐하는 건가요?

만약 여러분이 "우리 교회는 시니어 목회를 시작하려고 합니다!"라고 선언한다면 성도들은 어떤 반응을 보일까요? 시니어 목회를 열린 마음으로

환영하는 성도들이 있을 것입니다. 반대로 새로운 사역을 꺼리거나 부정적으로 생각하는 성도들도 있을 것입니다. 아마도 많은 성도들은 '시니어 목회가 뭐지?' 하며 어리둥절할 것입니다. 그 이유는 대부분의 성도가 전문적인 시니어 목회를 경험해 보지 못했기 때문입니다. 어떤 사람들은 시니어 목회를 두고 나이 든 사람들만 따로 모아서 예배드리는 모임으로 이해할 것입니다. 또 어떤 사람들은 시니어들이 좋아할 만한 레크리에이션을 진행하거나 강사들을 불러서 취미활동을 가르쳐주는 모임으로 생각할 수 있습니다. 시니어 모임이 스마트폰 활용법, 키오스크(무인주문기) 활용법과 같은 일상생활에 필요한 정보들을 가르쳐주는 학습모임이라고 생각하는 사람들도 있을 것입니다. 심지어 시니어들을 교회의 핵심 사역에서 배제하려고 일부러 한 쪽으로 모으는 것이라고 오해할 수도 있습니다.

따라서 시니어 목회를 시작할 때는 우선 이 사역에 대한 개념을 분명히 밝히는 것이 필요합니다. 이것은 앞으로 전개될 시니어 사역의 중심축 역할을 하게 될 것입니다. 이 중심축은 담임목회자는 물론 담당 사역자와 시니어 목회지원팀 혹은 위원회가 머리를 맞대고 우리 교회의 상황에 가장 적합한 모양으로 확정한 후에 성도들에게도 충분히 알려야 합니다. 그래야 시니어 목회에 대한 성도들의 오해와 편견을 줄이고 온 교회가 마음을 하나로 모아서 힘 있게 시니어 목회를 시작할 수 있습니다.


## 걷어내야 할 10가지 걸림돌

앞서 말한 대로 시니어 목회에 대해서 목회자와 성도들이 가지고 있는 몇 가지 오해와 편견들이 있습니다. 이러한 오해와 편견은 주로 시니어들의 역할과 필요에 대해서 기존의 고정관념을 가지고 단순화하거나 처음부터 잘못 알고 있어서 발생합니다. 이는 시니어 사역이 성공적으로 이루어지는 데 큰 걸림돌이 됩니다. 따라서 반드시 잘 알아보고 멀리 걷어내야 합니다. 아래는 시니어 혹은 시니어 사역에 대한 대표적인 오해들과 그에 대한 설명입니다.

1. 시니어들은 더 이상 배울 필요가 없다!

나이가 들면 더 이상 배우는 것을 싫어하고 학습의 효과도 많이 떨어진다는 오해입니다. 하지만 실제로는 그렇지 않습니다. 시니어들도 여전히 영적 성장을 위한 배움의 욕구가 있습니다. 또한 남은 인생을 멋지게 살기 위해 더 많은 것을 배우고 싶어 합니다. 시니어들은 다양한 인생 경험을 통해 깊이 있는 신앙의 성장을 추구할 수 있습니다. 성경과 일상생활에 관련된 지식을 배울 때에 더욱 나은 삶을 살아갈 수 있습니다. 말씀 읽기나 기도 생활과 같은 신앙의 훈련에 대한 배움과 적용은 다른 어떤 세대 못지않게 시니어들이 잘할 수 있는 영역이기도 합니다.


### 2. 시니어들은 활동적이지 않다!

시니어들은 육체적으로나 정신적으로 활발한 활동에 참여하기 어렵다고 생각하는 경우입니다. 물론 젊은 시절에 비해 근력과 지구력, 시력 등 신체적인 능력이 저하되는 것은 사실입니다. 하지만 이러한 핸디캡을 극복하고 다양하게 활동하고 있는 시니어들도 점점 늘어나고 있습니다. 과거에 비해 꾸준한 운동이나 개인적인 건강관리로 활력을 유지하는 시니어들이 교회 안에도 많아질 것입니다. 개인의 건강 상태에 따라 다를 수 있지만 운동 프로그램, 선교 활동, 문화 활동, 봉사 활동 등에 얼마든지 적극적으로 참여할 수 있습니다. 또한 경험과 지혜가 풍부한 시니어들의 활동은 이들이 참여하는 공동체 구성원들에게 '어르신들도 저렇게 열심히 참여 하시는구나!'라는 확실한 동기부여의 역할을 하기도 합니다.


### 3. 시니어들은 단지 돌봄의 대상일 뿐이다!

시니어들을 단순히 돌봐야 할 가련한 존재로 보는 경우입니다. 이것은 일부는 맞고 일부는 틀린 말입니다. 교회 안에는 분명 세심한 배려와 돌봄이 필요한 시니어들이 있습니다. 하지만 모든 시니어가 돌봄을 받는 대상이 되는 것은 아닙니다. 은퇴 이후 갖게 된 시간적인 여유와 봉사에 대한 남다른 관심으로 적극적인 돌봄 활동을 펼치고 있는 시니어들이 있습니다. 뿐만 아니라 경제적으로도 여유를 가진 시니어들이 늘어나고 있습니다. 세계적 석학으로 알려진 마우로 기옌(Mauro Guillen) 미국 펜실베이니아대 경영전문대학원(와튼스쿨) 교수는 저서 『2030 축의 전환』에서 10년 이내에 부와 힘의 중심이 밀레니얼 세대에서 실버세대로 이동할 것이라고

했습니다.

또한 교회로부터 돌봄을 받는 고령의 시니어라 할지라도 이들은 돌봄의 수혜자임과 동시에 교회와 우리 사회에 인생의 소중한 경험과 이야기들을 나누어주는 지혜의 공급자들입니다. 이들은 멘토링, 리더십에 대한 조언 등을 통해 교회에 중요하게 이바지할 수 있습니다.

### 4. 시니어 사역은 교제를 중심으로 하는 사교모임이다!

시니어 목회에서 진행하는 사역들이 단순한 친교 활동이나 여가 활동에만 초점을 맞춘다고 생각하는 경우입니다. 신앙생활에서 '교제'는 중요한 요소입니다. 동시대를 살아온 이들의 공감대를 활용해서 다양한 교제 모임을 진행하면 시니어 모임을 더욱 원활하게 운영할 수 있습니다. 하지만 시니어 사역은 교제만을 추구하는 모임은 아닙니다. 영적 성장, 신체의 건강, 헌신과 봉사, 세대 간 교류 등 다양한 영역을 포함하는 전인적 사역입니다. 더욱 다양한 영역에서 활동을 계획하고 진행할 필요가 있습니다. 시니어들에게 도움을 줄 수 있는 영역을 많이 찾아내고자 하는 노력이 필요합니다. 바로 이것이 우리 교회의 시니어 목회가 다른 교회의 시니어 목회와 어떻게 다른 것인지를 구별해주는 포인트 역할을 할 것입니다.

### 5. 시니어들은 변화를 원하지 않는다!

시니어들은 변화를 거부하고 기존의 방식을 고수하려 한다는 편견입니다. 많은 시니어가 보수적인 성향을 보이게 된 것에는 유교사상의 영향 외에도 우리나라의 역사적, 사회적 배경이 원인을 제공하고 있습니다. 한국 전쟁으로 인한 혼란과 전쟁 이후의 극심한 정치적, 안보적 위협, 연이은 경제위기 속에서 시니어들은 자연스럽게 질서와 생존을 가장 중요한 가치로 여기게 되었습니다. 하지만 시간의 흐름에 따라 이러한 성향도 점차 다양성을 보입니다. 요즘의 시니어는 자신에게 필요하다고 여기면 얼마든지 새로운 방식을 받아 들이고 적극적으로 도전하는 모습을 보입니다. 특별히 지난 코로나 팬데믹을 거치면서 스마트폰과 인터넷 쇼핑, SNS나 동영상 공유 플랫폼 등의 새로운 기술과 방식에도 도전하고 배우려는 의지를 나타내는 시니어들이 늘고 있습니다.

### 6. 시니어 사역은 따로 분리된 프로그램이다!

시니어 사역은 교회의 다른 사역들과는 분리되어 별도로 운영되어야 한다는 생각입니다. 하지만 이것은 전혀 맞지 않는 생각입니다. 이전 장에서 강조하여 설명한 것처럼 교회는 한 몸입니다. 머리가 되시는 그리스도를 중심으로 각 지체가 연합하여 각자의 자리에서 온전한 모습으로 교회를 섬겨야 합니다. 따라서 시니어 사역은 교회의 전체 사역과 반드시 연결되어 있어야 하며, 다른 세대와의 교류와 협력이 대단히 중요합니다. 세대 간의 관계 형성은 시니어들에게는 소속감을 제공하고, 다른 세대에게는 존경받는 롤모델의 역할을 해 줄 수 있습니다. 궁극적으로 시니어 사역은 교회 전체의 건강한 성숙과 부흥에 이바지하는 사역입니다.

### 7. 시니어 사역은 나이 든 사람들만의 일이다!

시니어 사역은 오직 나이 든 사람들만을 대상으로 한 활동이라고 생각하는 경우입니다. 바로 앞에서 시니어 사역은 세대 간의 교류와 상호 이해를 촉진하는 중요한 역할을 할 수 있다고 설명했습니다. 대개의 경우 시니어들은 교회 구성원들의 아버지, 어머니이자 할아버지, 할머니입니다. 시니어 사역의 효과적인 운영을 위해서 교회 안의 다양한 세대를 참여시키는 시도는 대단히 유익합니다. 젊은 세대가 시니어들에게서 배울 수 있고, 시니어들도 젊은 세대와 함께 신앙의 여정을 공유할 수 있습니다. 시간의 흐름은 모든 사람에게 동일하게 주어진 하나님의 은혜입니다. 언젠가 우리 모두는 노년의 시기를 경험하게 됩니다. 시니어들은 젊은 세대에게 오래된 미래의 역할을 해 주고 있는 셈입니다. 젊은 세대들이 이들의 모습을 함께 지켜보고 이 사역에 참여하는 것만으로도 훌륭한 노후 준비를 하는 것과 같습니다.

## 8. 시니어들은 더 이상 새로운 소명을 받지 않는다!

시니어들은 이미 신앙의 여정을 마무리하는 단계에 있으며, 이들에게는 더 이상 새로운 역할이나 소명이 없다고 보는 것입니다. 하지만 그렇지 않습니다. 하나님이 우리를 부르신 목적을 이루는 일에는 나이가 중요한 것이 아닙니다. 시니어에게도 하나님께서 주신 새로운 부르심과 계획이 있습니다. 이들은 교회 안에서 리더십을 맡거나, 기도로 교회를 섬기거나, 멘토링을 통해 젊은 세대를 양육할 수 있습니다. 때로는 시니어공동체 내에서도 중요한 자리에 서서 이 사역을 빛내주는 역할을 해낼 수도 있습니다. 더 나아가 교회 안팎에서 목회와 관련된 사역에 직접 참여하거나 사회공헌 및 봉사의 주체로 설 수도 있습니다. 소명에 대한 깨달음과 순종은 시니어 목회의 중요한 캐치프레이즈입니다. 소명에는 은퇴가 없습니다.

## 9. 시니어들에게 필요한 것은 오직 천국에 대한 소망이다!

지나온 삶을 어떻게 살아왔든지 오로지 구원에 대한 확신과 천국에 대한 소망만을 확인하기만 하면 된다는 생각입니다. 부활에 대한 확신과 재림을 앙망하는 신앙은 모든 신앙인에게 매우 중요한 것입니다. 하지만 시니어 목회에서는 장차 다가올 죽음의 문제와 그 이후에 경험하게 될 내세의 삶에 대해서만 다루는 것이 아닙니다. 각자가 살아온 과거의 삶을 회상해 보고, 그 속에서 남몰래 품고 있던 상처와 회한들을 직면함으로써, 지나온 모든 삶이 하나님의 은혜였음을 깨닫고 감사하도록 알려주어야 합니다. 그러한 은혜의 체험과 감사를 바탕으로 현재의 삶에서 이루어나가야 할 소명을 찾도록 도와주고 그 거룩한 여정을 건강하게 성취해 갈 수 있도록 지지해 주는 노력도 필요합니다. 그 후에 신앙인으로서 바라보는 웰다잉의 문제와 천국에 대한 소망도 목회의 내용에 반드시 포함해야 합니다. 결국 시니어 목회는 한 개인의 삶을 통합적으로 바라보는 전 생애 목회라 할 수 있습니다.

**10. 시니어 사역에는 재정을 많이 사용할 필요가 없다!**

시니어들을 위한 식사와 선물, 효도 관광 등을 위한 지출 외에는 별다른 교회의 재정이 투입될 필요가 없다는 생각입니다. 그렇지 않습니다. 다음 세대를 위한 것 못지않게 시니어 사역을 위해서도 많은 관심과 지원이 필요합니다. 흔히 생각하는 교제 및 친목 활동 외에도 교육 프로그램, 건강 프로그램을 위한 강사비, 교재비, 비품비 등이 필요합니다. 시니어들의 신체적 특성을 고려한 장비와 영상, 음향 장비를 구입하거나 유지보수해야 할 필요도 있습니다. 보다 효과적인 진행을 위한 홍보비용도 필요하고, 긴급한 도움이 필요한 시니어를 위해서 의료비나 생활지원비를 마련해야 할 수도 있습니다. 가능하다면 시니어 사역을 위한 프로그램이나 행사에서 발생할 수도 있는 사고에 대비하여 보험료를 준비할 수도 있습니다. 마지막으로 시니어 전담 사역자의 자기계발을 위한 지원과 투자도 필수적입니다. 이러한 사역 예산을 수립할 때는 처음부터 모든 프로그램에 예산을 전부 배분하기보다는, 교회의 재정 상황에 따라 우선순위를 정하여 실제 참여하는 인원의 규모에 맞는 지출계획을 세우는 것이 좋습니다. 그리고 전체 예산을 교회에서 일방적으로 부담하는 것이 아니라 필요한 재정에 대하여 후원금이나 특별 기부금을 모금하는 방법도 적극 고려해야 합니다. 시니어들 스스로 이러한 재정을 채워나갈 수 있도록 독려하는 것도 시니어 목회의 지속가능성을 높이는 좋은 방법입니다.


### 시니어 목회의 10가지 원칙

시니어 목회를 가로막는 걸림돌을 모두 제거하였다면 그 다음으로 해야 할 것은 사역의 10가지 원칙을 확인하는 것입니다. 이 원칙들은 시니어 목회를 준비하는 단계는 물론이고 매번 모임을 진행할 때마다 점검해 보아야 할 만큼 중요한 사항입니다. 아래에서 제시하는 10가지 원칙은 시니어 목회가 진행되는 과정에서 본래의 궤도를 이탈하지 않도록 도와주는 네비게이션, 혹은 요즘 차량에 포함된 차로 이탈방지 보조(LKA, Lane keeping assist)의 역할을 합니다.

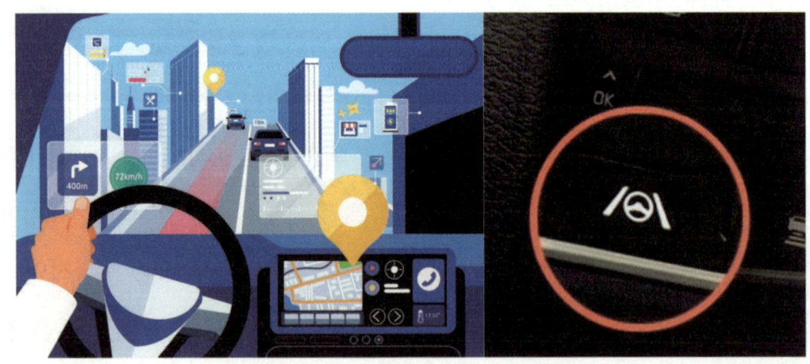

1. 시니어 목회의 중심에는 교회의 머리되시는 예수그리스도가 있어야
   하며, 각 프로그램의 목적과 수단은 복음적이어야 합니다.

2. 시니어 목회는 시니어들을 신앙의 선배이자 대한민국 발전에 공헌한
   선배 시민(Senior Citizen)으로서 인정하며 시니어들의 경험과 지혜에
   대하여 존경하는 자세와 감사하는 마음으로 임해야 합니다.

3. 시니어 목회는 개인의 영적인 변화가 지식적인 수준에서 머무르지 않
   고 각자의 삶에서 구체적인 행위로 드러나는 것을 목표로 합니다.

4. 시니어 목회는 대상자의 연령, 학습능력, 건강, 관심사, 인생경험, 가
   정환경, 신앙의 깊이 등을 고려하여 가장 적합한 방식으로 진행해야
   하며, 이 과정에서 알게 된 민감한 사항들에 대해서는 반드시 비밀을
   유지해야 합니다.

5. 시니어 목회는 일시적이거나 즉흥적으로 진행되지 않도록 담임목회
   자의 목회계획 안에 반드시 포함되어 있어야 하며, 대상자들로부터
   신뢰를 얻을 수 있도록 노력해야 합니다.

6. 시니어 목회는 모든 시니어가 사역의 주체가 될 수 있으며, 동시에 모
   든 시니어가 돌봄의 대상이 될 수도 있다는 가능성을 인정하고 각 상
   황에 맞는 대응방법을 준비해야 합니다.

7. 보다 효과적인 시니어 목회를 위해 신앙공동체가 다함께 관심을 가지

고 참여해야 하며, 특별히 가족들을 포함한 다양한 세대와의 만남을
적극적으로 모색해야 합니다.

8. 시니어 목회와 관련된 조사자료, 기획안, 실행매뉴얼, 평가결과 등에
대해서는 반드시 기록으로 남겨두어야 하며, 필수적인 내용은 다른
동역자들과 공유해야 합니다.

9. 시니어와 관련된 사회 전반의 이슈에 주목하고, 관련된 지식을 배우
기 위해 지속적으로 공부해야 합니다.

10. 장차 내가 시니어가 되었을때에 교회와 신앙공동체로부터 받고 싶은
목회적 돌봄과 프로그램들이 어떤 것일지를 항상 생각하며 사역을
진행해야 합니다.

## 우리 교회만의 시니어 목회 청사진 만들기

서두에서 말씀드린 것처럼 담임목회자와 시니어 담당 사역자, 그리고 시니어 목회 지원팀(혹은 위원회)은 본격적인 사역을 시작하기에 앞서 위의 내용들을 먼저 숙지해야 합니다. 자신들이 먼저 시니어와 시니어 사역에 대한 편견을 갖고 있지는 않았는지 점검해야 합니다. 또한 위에서 제시한 시니어 목회의 10가지 원칙에 관해서도 토론을 진행해 보고 다양한 의견들을 주고받아야 합니다. 필요하다면 별도의 시간과 구별된 장소를 마련하여 1~2박을 하면서 시니어 목회를 위한 리더들의 마음을 하나로 모으는 노력이 필요합니다. 이러한 과정을 통해서 우리 교회에 가장 잘 맞는 시니어 목회의 청사진을 그려 놓아야 합니다. 이것은 성공적인 시니어 목회를 위해 반드시 거쳐야 할 과정입니다. 아래의 예시를 참조하여 시니어 목회의 목표를 담은 선언문을 만들어 보는 것도 좋은 방법입니다.

○○교회의 시니어 목회는 교회 안의 ○○세 이상의 시니어들을 대상으로
영적, 정서적, 사회적, 신체적 필요를 충족시키기 위해
(______ 부터 ______ 까지) 다양한 프로그램과 목회적 돌봄을 제공하는 사역이다.

○○교회의 모든 지체는 우리의 부모이자 인생의 선배인 시니어들이
거룩한 하나님의 자녀로서 영적성장을 지속해 나갈 수 있도록 기도하고
시니어들이 하나님의 부르심을 받는 순간까지
교회와 세상을 섬기는 하나님 나라의 일꾼으로서 소명을 이루어갈 수 있도록 돕는다.

## 시니어에 대한 기준점 정하기

앞의 예시문에서 연령에 해당하는 부분을 빈칸으로 표기한 것이 보이시나요? 시니어 목회에 포함시킬 대상자들의 최소연령은 각 교회의 상황에 따라서 지도자들이 판단해야 합니다. 일반적으로 대한민국을 포함한 여러 국가에서는 65세를 노인의 나이로 규정하고 있습니다(1장 참조). 하지만 반드시 이 기준을 따라야 하는 것은 아닙니다. 실제로 몇몇 교회에서는 은퇴를 앞둔 50대를 시니어 그룹으로 인정하기도 하고, 어떤 교회에서는 70세 이상을 시니어로 정하는 교회들도 있습니다. 사실 연령으로 시니어 목회의 대상을 구분하는 방식이 최선의 방법은 아닙니다. 왜냐하면 동일한 연령대의 시니어가 모인다 하더라도 전혀 다른 개인들의 집단일 수 있기 때문입니다. '나이는 숫자에 불과하다.'라는 말도 있지만, 실제로 나이 자체가 사람을 성숙하게 만들거나 연약하게 만드는 것이 아님을 우리는 잘 알고 있습니다. 그럼에도 불구하고 위와 같이 연령을 정해두는 것은 운영상의 편의와 행정적인 효율성을 위해서입니다. 앞 장에서 미리 조사해 두었던 교회의 연령별 분포 결과를 참조해서 대상자 기준을 적당한 인원 범위 내에서 정하는 것이 좋습니다.

개인적인 차이라는 큰 변수가 존재하기는 하지만, 연령에 따른 시니어들의 일반적인 특성을 크게 세 그룹으로 나누어서 생각해 볼 수 있습니다.

첫 번째는 '젊은 시니어 그룹'입니다. 현재 은퇴를 경험하고 있는 이들입니다. 1955년에서 1963년 사이에 태어난 사람들을 '베이비부머 세대'로 부르는데, 이들을 포함하여 그 전후로 태어난 시니어들이 이 그룹에 속합니다. 대한민국의 인구 분포에서 가장 규모가 큰 집단이며 경제적, 사회적,

정치적, 문화적으로 중요한 역할을 해왔습니다. 전쟁을 경험한 부모 세대와는 다르게 중등 및 고등 교육을 받은 비율이 높았고, 대학 진학률이 급격히 증가하는 시기의 주역이었습니다. 민주화 운동에 참여하기도 하였고 음악과 영화, TV, 라디오 등의 대중매체와 함께 성장한 세대입니다. 대한민국의 경제발전을 체험하거나 직접 견인하면서 이전 세대에 비해서 경제적으로도 안정된 이들이 많습니다. 이 세대는 한국교회의 폭발적인 부흥과 성장을 경험한 세대이기도 합니다. 젊은 시절의 교회 생활에 대한 향수를 가지고 있으며, 현재 교회에서 중요한 직분으로 봉사하고 있는 이들도 있습니다.

두 번째는 '고령 시니어 그룹'입니다. 1940년대 중반부터 1950년대 초반에 태어난 이들입니다. 이들의 가장 큰 특징은 혹독했던 일제 강점기 말기와 한국전쟁의 혼란을 경험한 '전후세대'라는 점입니다. 이들은 어린 시절 또는 젊은 나이에 전쟁의 상흔이 뒤덮인 현실 속에서 생존해야 했습니다. 전쟁으로 인해 가족을 잃었거나 헤어져서 다시 만나지 못하는 이산가족들도 있습니다. 극심한 식량 부족을 경험했고 열악한 환경 속에서 제대로 된 교육을 거의 받지 못했기 때문에 자녀 세대에게 더 나은 삶을 물려주고자 하는 강한 열망이 이들에게는 있었습니다. 자녀들의 교육과 성공을 위해서 자신을 희생하다 보니 정작 본인들의 건강이나 노후에 대해서는 신경을 쓰지 못하고 소홀한 경우가 많습니다. 이들 가운데에는 교회의 개척에 직접 공헌하였거나 신앙의 1세대인 경우도 있지만, 그들 중 대부분은 현재 모든 자리와 직분에서 물러나 있습니다.

세 번째는 '최고령 시니어 그룹'입니다. 1940년대 이전에 태어난 이들로,

현재 대한민국의 평균 기대수명 이상을 살고 있는 시니어 중의 시니어들입니다. 이들의 기억 속에는 식민 지배의 경험들이 크게 자리 잡고 있습니다. 우리 민족에 대한 억압과 일본식 교육, 문화동화정책 등을 경험했으며 일본식 이름을 강요(창씨개명) 받기도 하였습니다. 일부는 강제 노역이나 군사동원, 일본으로의 이주 등을 경험하기도 하였으며, 전쟁에 동원이 되었다가 돌아온 이들도 있습니다. 가부장적인 대가족 제도 속에서 자라면서 유교적인 가치관, 특히 효(孝)를 중시하는 태도가 매우 강하며, 농업을 통해 자급자족하는 삶을 살아왔습니다. 대한민국의 연금제도나 복지시스템이 갖추어지기 전에 노년을 맞이했기 때문에 많은 이들이 자녀들에게 의존하며 살아가고 있습니다. 이들 중 대부분은 서너 가지 이상의 건강 문제로 고통을 받고 있으며, 가족이나 친인척, 친구들과의 사별을 여러 차례 경험하면서 죽음에 대한 불안을 품고 있는 시니어들이 많습니다.

지금까지 살펴본 각 그룹별 시니어에 대해서 정확하게 이해하고 이들의 특성을 고려하여 시니어 목회를 구상해야 합니다. 모든 시니어들에 대해서는 풍부한 인생의 경험과 지혜를 가지고 있으며 신앙적 헌신을 보여왔다는 점을 인정하고 감사하는 마음을 전하는 것이 중요합니다. 그동안 살아온 수고와 헌신에 대해서 공개적으로 감사를 표하거나, 중요한 교회 행사에서 그들의 공헌을 기념하는 것도 좋은 방법입니다.

이와 함께 사역자들이 특별한 주의를 기울여야 하는 부분은 각 그룹별 시니어들이 현재 겪고 있는 인생의 변화와 개별적인 욕구들을 고려하여 맞춤형 접근을 해야 한다는 점입니다. 예를 들어 젊은 시니어 그룹은 신앙적으로 깊은 관계를 원하면서도, 개인적, 정서적 돌봄에 대한 욕구가 큰 편입니다. 이들이 현재 느끼고 있을 은퇴 이후의 삶에 대한 불안, 외로움에 대한 고민을 경청해 주고 필요한 정보를 제공하거나 기도해주는 것이 중요합니다. 소그룹이나 개인적인 상담, 기도 모임을 통해 정서적·영적 돌봄을 제공할 수 있습니다.

고령 시니어 그룹에는 그들이 여전히 교회 안에서 중요한 역할을 할 수 있다고 용기를 북돋아 줄 수 있습니다. 고령이라 하더라도 자신들의 경험과 지혜를 활용할 수 있는 새로운 역할이 있다는 것을 상기시켜 주는 프로그램들을 진행하고 그러한 자리를 만들어주는 것이 효과적입니다. 예를 들어 신앙 상담, 멘토링, (보조)교사 역할, 시니어 사역에 참여한 뒤에 다음 기수를 위한 스탭으로 참여하도록 독려할 수 있습니다.

반면에 신체적으로나 인지적으로 쇠약을 경험하고 있는 최고령 시니어 그룹을 위해서는 '목회적 돌봄'이 주된 사역이 되어야 합니다. 교회에 출석하는 것이 쉽지 않거나, 시설에서 생활하는 이들에게는 심방을 통해서 교회가 자신들에게 여전히 깊은 관심을 갖고 있으며, 그리스도 안에 한 몸으로서 항상 기도하고 있다는 사실을 알려주어야 합니다. 죽음을 두려워할 필요가 없으며, 죽음은 끝이 아니라 새로운 시작임을 성경말씀과 찬양을 통해 반복해서 전해주는 것이 효과적입니다. 동시에 이들이 가지고 있는 삶의 지혜에 더욱 세심하게 귀를 기울여 듣고, 이들이 남기는 한 마디 한 마디의 말들을 젊은 세대들에게 의미있는 가르침으로 전해줄 필요가 있습니다.


**순탄한 항해를 위해서**


이상에서 우리는 시니어 목회의 본격적인 실행을 위한 첫 단계로서 '사전점검 및 기획하기'에 대해서 알아보았습니다. 시니어 목회를 시작하는데 걸림돌이 되는 오해와 편견, 그리고 시니어 목회의 원칙을 각각 10가지씩 살펴보았습니다. 그 후에 시니어 목회의 목표를 설정하는 방법과 그 과정에서 세심하게 고려해야 할 연령에 따른 각 시니어 그룹별 특징들을 소개했습니다.

이처럼 번거롭고 어찌보면 뻔한 단계를 거치지 않아도 시니어 목회를 시작할 수는 있겠지요. 하지만 그렇게 사역에 대한 걸림돌과 원칙에 대한 고민 없이 시니어 목회를 향한 항해를 시작한다면 머지않아 여러 가지 문제점과 다양한 민원들을 마주하게 될 것입니다. 배가 암초에 걸려 앞으로도 뒤로도 가지 못하는 상황이 되면 그제야 '암초가 없는지 항로를 미리 확인할 걸!'이라고 후회하게 될지도 모릅니다.

물론 모든 교회가 똑같은 방식이나 동일한 형태로 시니어 목회를 진행하는 것은 불가능합니다. 교회마다 처한 상황과 환경이 천차만별이기 때문입니다. 몇몇 농어촌 교회에서는 '시니어 목회라는 단어 자체가 넌센스'라는 말을 하기도 합니다. 교인 전체가 시니어에 해당하기 때문입니다. '평생을 일만 하면서 살다가 늙어버린 노인들로 가득한 교회에서 무슨 프로그램을 진행할 수 있으며, 누구를 전담 사역자로 세울 수 있겠느냐?'라는 외침은 단순한 푸념이 아닐 것입니다. 그럼에도 불구하고 우리는 더 나은 시니어 목회를 위해 고민해야 합니다. 시니어들은 점점 더 많아질 것이고 여러분들에게도 시니어의 삶이 곧 현실이 될 것이기 때문입니다. 예수님은 "내 양을 먹이라."고 하셨습니다(요 21:17). 나이가 든 양떼라고 해서 내버려둘 수는 없는 일입니다. 우리가 해야 할 목양의 범위는 '모든' 양들이기 때문입니다. 시니어 목회는 이 시대를 향한 치열한 도전이자, 거룩한 하나님의 사명입니다. 우리 교회의 상황에서 할 수 있는 것이 무엇인지 찾아서 한 걸음씩 나아가야 합니다. 위에서 설명한 내용들이 그러한 고민에 도움을 줄 것입니다.

# 2단계: 홍보하기

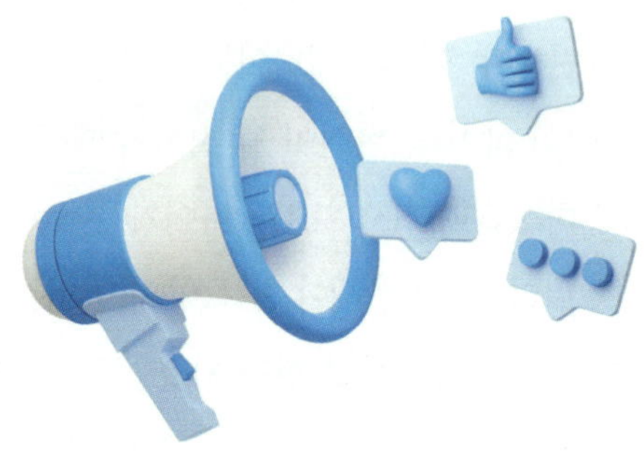

　아무리 좋은 목표를 세우고 유익한 프로그램들을 많이 준비했다 하더라도 정작 시니어 성도들이 참여하지 않으면 아무런 의미가 없습니다. 소문난 잔치에 먹을 것이 없는 것도 문제이지만, 먹을 것을 잔뜩 차려놓고도 소문을 내지 못해서 사람들이 오지 않는 잔치는 더욱 속상한 일입니다. 시니어들의 특성을 생각하면, 어쩌면 어떤 시니어에게는 이번 사역이 교육받을 수 있는 마지막 기회일 수도 있습니다.

　따라서 시니어들에게 이 사역에 대해서 구체적으로 알려주는 것은 대단히 중요한 일입니다. 이와 함께 온 성도들에게 시니어 사역에 대해 알릴 필요도 있습니다. 이러한 홍보를 통해서 성도들로부터 관심과 협조를 얻게 됨으로써 이 사역의 동력과 자원을 마련할 수 있게 됩니다. 효과적인 홍보를 위해 다음과 같은 5가지 절차를 제안하겠습니다.

### 1. 명칭 정하기

우리 교회 시니어 목회의 이미지를 대내외적으로 가장 직관적으로 보여주는 것이 바로 '명칭'입니다. 따라서 명칭을 정하는 작업은 신중하게 진행해야 합니다. '노년부'처럼 단순히 '나이 많은 사람들이 참여하는 모임'이라는 '연령 규정'의 의미만 담은 명칭은 지양하는 것이 좋습니다. 가급적 우리 교회의 비전과 시니어 사역의 목적을 포괄할 수 있도록 심사숙고하여 정하는 것이 좋습니다. 보다 구체적으로 명칭을 정할 때 고려할 사항들을 몇 가지 소개합니다.

첫째, 시니어를 존중하고 배려하는 명칭으로 정하십시오.

명칭에는 나이 드신 분들에 대한 존중과 예우가 담겨야 합니다. 부정적인 뉘앙스를 피하고, 나이듦을 존중하는 긍정적인 단어를 사용하는 것이 좋습니다.

둘째, 연령을 포괄하는 명칭으로 정하십시오.

사역의 대상이 60대, 70대, 80대 이상 등 다양한 연령층일 수 있기 때문에 나이를 뜻하는 숫자를 전면에 내세우거나 강조하기보다는 포괄적이고 수용성이 좋은 명칭을 사용하는 것이 좋습니다.

셋째, 신앙적 의미를 반영한 명칭이 좋습니다.

신앙적 가치나 성경적 의미를 반영한 명칭도 고려할 수 있습니다. 예를 들어 성경에 나오는 단어나 인물의 이름, 지명 등에서 명칭을 따온다면 참여하는 시니어들에게 신앙의 역사적인 흐름 안에서 은혜의 여정을 지속해 나가는 느낌을 줄 수 있습니다. 다만 교회에서 이미 사용하고 있는 남여전도회(선교회)의 명칭이 있다면 이와 중복되지 않도록 해야 하며, 성별을 구분하여 시니어 프로그램을 진행할 예정이라면 이 부분도 고려하는 것이 좋습니다.

출처. 선한목자교회 갈렙교회, https://www.goodnews1.com/

넷째, 우리 교회의 특징이 반영된 명칭은 친근감을 줍니다.

교회의 이름, 비전, 역사 등과 어울리는 명칭을 정하는 것도 좋은 방법입니다. 각 교회마다 고유한 특징과 개성이 드러나는 포인트가 있으므로 이에 적합한 명칭을 찾는 시도를 하는 것도 인상적인 명칭을 정하는데 도움이 됩니다.

출처. 문혜성. (2023. 9. 18.). 교회 어르신들, 행복 찾으러 오세요. 한국성결신문.

다섯째, 명칭과 관련한 로고를 만들면 유용하게 사용할 수 있습니다.

시니어 목회를 위한 로고를 만드는 것은 여러 가지 긍정적인 효과가 있습니다. 우선 로고는 시니어 목회의 비전과 사명을 시각적으로 상징하는 역할을 합니다. 교회나 사역의 정체성을 한눈에 보여줌으로써 외부 사람들에게 교회가 추구하는 바를 명확하게 전달할 수 있습니다. 일관된 로고를 사용하면 교회나 시니어 목회에 대한 인지도도 훨씬 높아집니다. 시니어들이나 가족들이 로고를 보면 자연스럽게 교회나 사역을 떠올리게 되어 시니어 목회가 더욱 쉽게 기억할 수 있습니다. 그뿐만 아니라 담당 사역자와 위원회, 봉사자들을 포함한 모든 스탭들에게 소속감을 제공할 수 있습니다. 로고를 볼 때마다 자신이 공동체의 일원이라는 자부심을 느끼게 되어 더 깊은 연대감을 갖게 만들 수 있습니다.

무엇보다 잘 디자인된 로고는 웹사이트, SNS, 현수막, 포스터, 전단지 등 다양한 홍보 매체에 활용도가 높습니다. 시니어 목회의 메시지를 효과적으로 전달하는 데에는 로고 이미지나 짧은 문장으로 구성된 타이포그래피(Typography) 등이 큰 도움이 됩니다. 로고가 들어간 사역 교재, 혹은 각종 굿즈(Goods)나 판촉물들을 활용한다면 이를 통해 더 많은 사람들이 사역에 관심을 가질 수 있게 됩니다.

최근에는 AI기술을 활용하여 손쉽게 로고를 만들 수 있는 인터넷 무료 서비스들이 제공되고 있습니다. '무료 로고 만들기', '무료 AI 로고', '로고 AI 디자인' 등의 검색어를 활용하시면 도움을 받으실 수 있을 것입니다.

출처. 지구촌교회 시니어 유튜브 채널. www.youtube.com/@jiguchon_senior

출처. 할렐루야교회 뉴시즌교회 유튜브 채널. www.youtube.com/@할렐루야교회뉴시즌

위와 같은 지침을 바탕으로 우리 교회의 시니어 목회와 관련된 명칭을 선정하여 활용하면 교회 내에서의 시니어 사역이 더욱 효과적으로 진행되고 참여하는 시니어들도 사역에 대한 소속감과 자부심을 느낄 수 있을 것입니다. 보다 좋은 명칭을 찾기 위해서 전교인을 대상으로 상품을 걸고 '시니어 사역을 위한 명칭 공모전'을 진행하는 것도 좋은 방법입니다. 집단지성의 힘을 활용하여 탁월하고 기발한 명칭을 발견하게 될 수도 있으며, 공모전 그 자체만으로도 온 교회의 관심을 시니어 목회 쪽으로 집중시키는 효과를 거둘 수 있습니다.

## 2. 기도 모임 진행하기

교회 안의 여러 사역들과 마찬가지로 시니어 목회를 준비하는 과정에서 기도는 매우 중요한 역할을 합니다. 시니어들의 영적, 정서적, 신체적 필요를 잘 이해하고 그에 맞는 사역을 개발하기 위해서는 성령의 인도하심이 필수적입니다. 기도를 통해 하나님의 지혜와 통찰을 구해야 개인의 생각이나 추측을 넘어서서 하나님의 선하신 뜻에 맞는 방향으로 사역을 이끌어 갈 수 있습니다.

담당 사역자와 사역지원팀(혹은 위원회)은 본격적으로 사역을 시작하기에 앞서 기도를 통해 시니어들의 필요에 대해 더 깊이 생각하고 그들을 사랑하는 마음을 키울 수 있습니다. 시니어들 각자가 직면한 삶의 현실, 고통, 고독, 건강 문제 등 다양한 상황을 하나님 앞에 올려드리며 예수님이 맡기신 양들을 향한 공감과 연민을 품게 될 때 돌봄을 위한 영적인 능력이 나올 수 있습니다.

기도를 통해 시니어 사역의 결과를 하나님께 맡기는 것도 매우 중요합니다. 사역자는 씨를 뿌리지만, 열매는 하나님께서 맺으십니다(잠 16:9, 고전 3:6). 기도는 사역의 성과를 사람이 아닌 하나님께 맡기고, 결과가 어떻게 되든지 하나님의 선하신 계획을 신뢰하는 자세를 갖게 합니다. 시니어 사역은 장기적인 헌신과 인내가 필요합니다. 종종 사역자는 좌절하거나 어려움을 겪을 수 있습니다. 이때 기도를 통해 하나님께서 주시는 지혜와 인내를 얻고 어려운 순간에도 지속적으로 사역을 감당할 수 있게 됩니다.

가능하다면 특별한 기간을 선포한 후에 온 교우들이 함께 기도하는 것을 권장합니다. 기도회를 통해서 한 몸으로서의 교회됨을 확인하고, 신앙의 선배요 자신들의 부모를 위해 기도드리는 시간이 얼마나 큰 은혜가 되는지를 체험하게 될 것입니다. 또한 시니어 사역을 진행할 때에 다가오는 영적 전투를 위해서 온 교회가 함께 힘을 모아야 합니다. 사역이 커질수록 더 큰 도전과 시험이 다가오기도 합니다. 이때 온 성도가 마음을 모아 기도하면서 사역자와 그 팀을 보호하고 영적 전쟁에서 승리할 수 있는 힘과 방패의 역할을 해 주어야 합니다. 기도를 통해 하나님께서 사역자들과 시니어들을 영적으로 보호해 주시도록 간구하는 것은 온 교회가 지속적으로 감당해야 할 영적 책임이라는 것을 다음세대들에게 알려주어야 합니다.


### 3. 오프라인 홍보하기

오프라인 홍보는 시니어들이 접근할 수 있는 장소를 정하여 다양한 채널과 방식을 활용해 직접적으로 알리는 것을 의미합니다.

교회 내의 게시판이나 엘리베이터, 식당, 화장실, 남여전도회실 등의 장소에 시니어 목회와 관련된 정보를 게시해 두는 것이 좋습니다. 이때 게시하는 포스터나 전단지에는 위에서 정한 명칭, 일정, 장소, 사역 목표 등을 큰 글자로 알아보기 쉽게 담아야 합니다.

시니어 사역을 교회 밖의 대상자에게도 제공할 계획이라면 복지관, 경로당 등의 시설이나 교우들이 운영하는 병원, 이·미용실 등에 홍보물을 비치해 두어 더 많은 시니어들에게 알릴 수 있습니다. 교회 외벽이나 근처 게시대에 현수막을 걸어두는 것도 지역 주민들을 대상으로 홍보의 효과를 볼 수 있습니다.

　처음으로 시니어 목회를 시작하는 교회라면 대상이 되는 시니어들이나 관심이 있는 성도들을 한자리에 모으는 설명회나 특별행사를 마련하는 것이 좋습니다. 사역의 목표, 비전에 대해서 자세히 설명하고 담당하는 사역자와 사역팀을 소개하는 시간을 가진 뒤 프로그램에 대해 질의응답을 통해 궁금해하는 부분들을 대답해 주는 것이 좋습니다. 이러한 설명회를 진행할 때는 미리 우편을 통해서 개인 맞춤형 초청장을 보내는 방법을 추천합니다. 이 방법은 시니어들에게 개인적으로 '특별히 초대를 받았다'라는 느낌을 줄 수 있습니다. 이는 특히 개인적이고 직접적인 접근을 선호하는 시니어들에게 아주 효과적입니다.

　위에서 언급한 여러 방법들이 있음에도 불구하고, 가장 좋은 오프라인 홍보는 다름 아닌 '입소문과 성도들의 추천'입니다. 시니어 성도 중에서 교회 일에 헌신적이고 다른 이들에게 영향력이 있는 분들을 리더로 세워서 다른 시니어들에게 사역을 소개하고 초대할 수 있도록 협조를 요청해야 합니다. 시니어들 간의 관계에서 발생하는 신뢰감은 사역 참여율을 높이는 중요한 요소가 될 수 있습니다. 이미 사역에 참여하고 있는 시니어들이 주변 시니어들에게 사역을 추천하도록 유도하는 것도 좋습니다. 특히 가족들이나 친구를 통해 자연스럽게 사역을 홍보하도록 하여 각자가 소속된 동호회, 모임, 또는 친목 단체를 통해 시니어 사역에 대한 장점과 좋은 소문이 입을 타고 퍼질 수 있도록 하는 것이 가장 효과가 좋은 홍보의 방법입니다.

## 4. 온라인 홍보하기

오프라인 홍보가 효과적인 방법인 것은 분명하지만 온라인 홍보도 병행하는 것이 좋습니다. 온라인 홍보는 시간과 공간의 제약을 뛰어넘어 시니어와 가족들에게 사역을 효율적으로 알릴 수 있는 중요한 수단입니다. 오늘날에는 시니어들도 점점 디지털 기기와 온라인 매체에 익숙해지고 있습니다. 특별히 단체 채팅방 등을 통해 가족들과 소식이나 사진, 동영상 등을 주고받는 것에 익숙한 시니어들이 많아지고 있습니다. 따라서 시니어들에게 익숙한 단체 채팅방이나 메시지 앱 등을 활용하면 사역과 관련된 중요한 소식, 행사 안내, 격려 메시지 등을 빠르게 전달할 수 있습니다. 또한 참여자들 간의 소통도 촉진할 수 있다는 큰 장점이 있습니다.

대표적인 동영상 플랫폼인 유튜브 채널도 적극적으로 활용할 필요가 있습니다. 자신들이 주인공으로 등장하는 사역 소개 영상, 인터뷰, 과거 프로그램 영상 등을 지속적으로 업로드 하면 시니어들이 이러한 영상들을 반복하여 시청할 수 있어서 유익합니다. 여행이나 질병 등으로 갑자기 사역에 참여하지 못하게 된 시니어들도 사역에 대한 관심을 지속적으로 유지할 수 있는 통로가 되기도 합니다. 만일 특수한 상황에 직접 심방을 가지 못하게 되는 경우라면 시니어와 그 가족들을 대상으로 줌(Zoom)과 같은 온라인 회의 플랫폼을 이용해 가르침과 돌봄의 사역을 진행할 수도 있습니다. 이러한 온라인 회의 플랫폼은 소그룹 모임의 운영을 위해서도 좋은 만남의 장을 제공할 수 있습니다. 다만 스마트폰을 능숙하게 다룰 수 있는 시니어들이라면 상관없지만, 만약 이러한 디지털 기기들을 다루는데 익숙하지 않다면 자녀들이나 사역지원팀, 혹은 교회의 젊은 세대들이 도움을 주는 역할을 하도록 참여시킬 수 있습니다.

앞으로 시니어 목회에 관한 관심이 높아질 것을 고려한다면, 교회 웹사이트에 시니어 사역 전용 페이지를 만들어서 사역을 적극적으로 소개할 필요도 있습니다. 사역에 대한 비전과 목적을 포함하여 정기적으로 시니어 사역과 관련한 사진, 동영상 등을 게시하여 교우들과 외부인들이 우리 교회에서 진행하는 시니어 목회에 관심을 가질 수 있도록 만들어야 합니다. 교회에 페이스북이나 인스타그램을 활용하는 미디어 홍보팀이 있다면 시니어 사역에 대한 사진과 짧은 영상들을 적극적으로 제공해서 재미있고 따뜻한 분위기의 컨텐츠를 자주 업로드 해야 합니다. 앞서 언급한 '입소문과 추천'이 앞으로는 온라인 상에서의 '댓글과 후기, 좋아요!' 등으로 옮겨갈 것이기 때문에 시니어 사역의 긍정적인 효과와 감동적인 경험을 여러 사람들이 접할 수 있도록 해야 합니다.


## 5. 주일예배 광고 시간 활용하기

마지막으로 주일예배 시간을 활용한 홍보입니다.

예배 중 광고시간이나 예배를 마친 직후에 담임목회자나 담당 사역자, 혹은 평신도 리더가 시니어 사역의 중요성과 참여 방법에 대해 직접 언급하고 시니어들을 초대하는 것입니다.

다음은 주일예배 시간에 시니어 사역에 대해 어떻게 말하면 좋을지 예시입니다.

"우리 교회에는 오랜 시간 동안 믿음의 여정을 걸어오신 귀한 어른들이 계십니다. 그분들은 우리 교회의 큰 기둥이십니다. 그리고 하나님의 사랑과 지혜를 많은 사람들에게 나누어 주시는 큰 나무와 같은 분들이십니다. 저희는 이 귀한 분들을 섬기고 그분들이 계속해서 하나님 안에서 성장하며 영적으로 풍성한 삶을 살 수 있도록 돕는 사역을 준비했습니다.

시니어 사역은 단순한 교제의 자리나 행사가 아닙니다. 어르신들의 실생활과 동떨어져 있는 성경공부도 아닙니다. 여러분들이 하나님과 더욱 깊은 관계를 맺고 서로가 함께 기도하며 하나님의 말씀을 나눌 수 있는 새로운 자리입니다. 우리 교회 시니어 목회의 목표는 시니어들이 직면하는 다양한 어려움과 필요를 함께 나누고 가장 적합한 영적 지원과 실질적인 정보들을 제공하는 것입니다.

시니어들은 다양한 삶의 경험과 지혜를 통해 더 깊은 믿음의 본보기를 다음세대에게 보여주실 수 있습니다. 우리가 함께 모여서 하나님의 말씀을 나누고 서로를 위로하며 중보할 때, 하나님께서 우리 시니어들을 어떻게 축복하고 사용하실지 몹시 기대가 됩니다.

성도 여러분! 우리가 하려는 이 사역은 시니어들만을 위한 것이 아닙니다. 예수 그리스도 안에서 한 몸이 된 우리 모두가 이 사역을 위해 기도하고 적극 지원하며 동참해야 합니다. 우리의 부모님들이신 시니어들의 삶을 축복하고 섬기는 일은 우리 교회가 함께 이루어 나가야 할 사명입니다. 혹시 주변에 시니어 성도님들이 계시다면 이 사역에 참여하시도록 권유해주시고 함께 기도해 주시기 바랍니다.

시니어 사역에 대한 자세한 정보는 예배 후 안내 데스크에서 확인하실 수 있으며, 전단지와 홈페이지를 통해서도 진행될 프로그램의 일정과 참여 방법을 안내하고 있습니다. 사역에 대한 문의나 도움이 필요하시면 언제든지 연락해 주세요. 여러분의 참여와 관심이 하나님의 사랑을 실천하는 귀한 통로가 될 것입니다."

담임목회자가 예배의 자리에서 이렇게 공식적으로 당부하면 그 말에는 힘이 실립니다. 시니어 사역의 중요성을 전달함과 동시에 성도들이 공감하고 실질적으로 참여할 수 있는 계기를 마련할 수 있습니다.

Tip. 우리 교회와 상황이 비슷한 다른 교회에서의 성공적인 사례를 소개하거나, 시니어 사역과 관련된 전문가를 강사로 불러서 더욱 다양한 사례와 정보를 공유하면 시니어들로부터 많은 관심을 끌어낼 수 있을 것입니다. 시니어 사역 전문강사에 대한 문의는 총회본부 교육국(☎02-3459-1051~2)으로 연락하시면 도움을 받을 수 있습니다.

# 3단계: 운영하기

## 첫 인상이 가장 중요합니다

'홍보하기'까지 진행을 했다면 이제는 첫 번째 모임을 시작하는 일만 남았습니다. 이 첫모임은 전체 시니어 사역의 성패를 좌우한다고 해도 과언이 아닙니다. 그만큼 첫인상이 매우 중요합니다. 호기심과 기대감으로 모임에 참여한 시니어들이 첫 모임을 통해서 기분 좋은 느낌과 유쾌한 충격을 경험할 수 있도록 운영해야 합니다. 여기에서 말하는 '유쾌한 충격'이란 시니어들이 그동안 다른 프로그램들을 통해서는 경험해 보지 못했던 '오직 우리들만을 위한 교회의 관심과 배려가 이 정도로 세심하고 큰 수준이라니!' 하는 감동을 의미합니다. 만약에 첫 모임에 참여하고 나서 '가보니 별거 없더라~.' 라는 느낌을 받는다면 시니어들의 참여율은 점점 저조해질 것입니다. 첫 모임에서 충분한 동력을 얻지 못하면 이후의 사역을 지속해 나가는데 어려움을 겪게 됩니다. 교회에서 시도하는 이 새로운 사역이 자신들을 위한 기회이자 선물이며, 나의 삶에 구체적인 도움과 변화를 줄 것이라는 확신을 심어주어야 합니다.

하지만 막상 잘 준비하고 싶다는 마음은 있어도 어디에서부터 손을 대야 할지를 몰라 막막한 분들도 있을 것입니다. 이 장은 그런 분들을 위한 운영의 방법과 유용한 팁에 대해서 알려드리기 위해 준비했습니다.


## 운영의 시기를 정할 때 고려해야 할 사항들


시니어 프로그램을 진행할 때는 시기를 잘 결정해야 합니다. 시니어들의 특성과 계절적인 요소들을 고려해야 프로그램의 참여율과 효과를 극대화할 수 있기 때문입니다. 예를 들어 겨울이나 무더운 여름철에 프로그램을 진행하는 것은 되도록 피해야 합니다. 시니어들은 기온 변화에 민감하고 날씨의 영향을 많이 받기 때문입니다. 눈이나 빙판길로 외출이 위험한 겨울이나 더위로 인해 체력 소모가 심한 여름보다는 기온이 비교적 온화한 봄이나 가을을 선택하는 것이 좋습니다. 특별히 이 시기에는 프로그램 가운데 야외활동이나 소풍, 견학 등과 같은 일정을 포함시킬 수도 있어서 더욱 좋습니다. 만약 부득이하게 겨울과 여름에 진행하게 된다면 실내 냉난방에 신경을 써야 합니다. 시니어들은 똑같은 실내온도라 하더라도 누구는 '춥다'라고 느끼고, 다른 이는 '덥다'라고 느끼는 경우가 많습니다. 이러한 상황을 고려하여 난방기나 에어컨 바람이 직접 닿는 자리와 그렇지 않은 자리를 구분해 두었다가 각자의 기호에 맞게 안내해 드리는 것도 좋은 방법입니다.

계절뿐만 아니라 시간대도 잘 고려해서 선정해야 합니다. 이른 아침 시간은 피하는 것이 좋습니다. 특히 동절기에는 해가 짧고 몸이 더디게 풀릴 수 있으므로 너무 이른 시간에 프로그램을 시작하지 않도록 해야 합니다. 농어촌 지역의 경우, 이른 시간에는 시니어들이 생업이나 가사활동을 위해 시간을 보내는 경우가 많다는 점도 감안해야 합니다. 그렇다고 오후 늦은 시간을 선정하는 것도 좋지 않습니다. 이때는 시니어들이 느끼는 심신의 피로감이 심해지는 시간대이고 저녁식사에 대한 부담감도 있습니다. 보통 오전 10시 이후나 점심식사 이후부터 오후 4시 사이의 시간대가 적절합니다.

프로그램을 진행하는 요일도 참석율에 직접적인 영향을 주는 중요한 변수입니다. 시니어 프로그램은 가급적 평일에 진행하는 것이 좋습니다. 주말은 가족들과 시간을 보내거나 교회 예배 및 행사들과 겹칠 수 있어서 평일이나 토요일을 선택하여 운영하는 것이 이상적입니다. 다만 교회의 상황에 따라서 주일 오후 시간을 이용하는 것이 훨씬 나을 수도 있습니다. 시니어들 중 다수가 교회와 거리가 먼 곳에 거주하는 경우에는 예배를 드리기 위해 교회에 나오는 주일을 이용하는 것이 좋기 때문입니다. 진행하는 요일을 결정하였다면 매주 같은 요일과 시간에 규칙적으로 운영해야 합니다. 시니어들이 쉽게 기억하고 미리 일정에 맞출 수 있도록 하기 위함입니다.

Part C에 소개될 시니어 에센스 워크북은 '감사', '소명', '소망'이라는 3개의 과정으로 되어 있습니다. 각 과정은 10차시(강의 및 세리머니)로 구성되어 있기 때문에 시니어 사역을 운영할 때는 교회력에 따른 절기나 교회의 특별한 행사들을 고려하여 진행 일정을 잡아야 합니다. 부활절, 성탄절, 감사절 등 교회 주요 절기나 행사 기간에는 시니어들만 따로 모여서 프로그램을 진행하기보다는 온 교우가 함께 모여 예배를 드리면서 온 세대가 화합과 소통하는 기회로 삼는 것이 좋습니다. 만약 일정을 진행하는 도중에 이러한 절기나 행사가 겹치게 된다면 그 주간은 '휴강'을 하는 방식도 생각해 볼 수 있습니다. 이때는 '건너뛰거나 쉰다'라는 느낌보다는 적절한 분량의 과제를 주어서 시니어 프로그램에 대한 관심을 이어갈 수 있도록 하는 것이 좋습니다.


## 장소를 정할 때 고려해야 할 사항들


운영의 시기 못지않게 중요한 것이 프로그램을 진행하는 장소를 선택하는 것입니다. 시니어들의 안전과 편안함을 보장하면서도 프로그램의 목적을 충분히 달성할 수 있는 환경이 갖추어진 공간을 확보해야 합니다. 앞서 1장에서도 언급한 것처럼 고령친화적인 교회를 말할 때 가장 큰 영향을 주는 것은 '안전하고 편리한 이동'이 가능한지 아닌지 여부입니다. 예배실이 1층에 위치한 것이 아니라면 반드시 상층이나 하층으로 이동하기 위한 계단이 있을 것입니다. 젊은 시니어들에게는 큰 지장이 없겠지만 고령의 시니어들에게는 이것이 매우 큰 걸림돌이 됩니다. 교회에 엘리베이터나 경사로가 설치되어 있다면 고령의 시니어들도 수월하게 이동할 수 있을 것입니다. 만약 그러한 시설이 갖추어지지 않은 교회라면 시니어들이 이동하는데 최대한 어려움 없는 장소를 선정하는 것이 좋습니다. 또한 프로그램 장소는 가까운 곳에 화장실이 마련된 곳이 좋습니다. 시니어들 중에는 화장실을 자주 이용해야 하는 분들이 있습니다. 먼 거리를 이동하거나 복잡한 동선을 거쳐야 한다면 화장실에 다녀오는 사이에 흐름을 놓칠 수가 있습니다. 이동하는 복도나 화장실 내부는 미끄럽지 않도록 물기가 제거되어 있어야 합니다. 특히 비가 오는 날씨나 겨울철일 경우에는 시니어들이 넘어지는 '낙상사고'가 일어나지 않도록 주의해야 합니다. 시니어들에게 낙상사고는 삶의 질을 저하하는 큰 위협요소 중 하나입니다. 교회에서 이러한 사고를 당하지 않도록 각별한 주의가 필요합니다. 필요하다면 미끄럼 방지매트나 안전 손잡이 등을 설치하는 것이 좋습니다. 면역력이 약한 시니어들을 위해서 화장실 내부는 충분한 환기와 청결 상태가 유지되고 편리하게 손을 씻을 수 있도록 관리하는 것도 중요합니다.

예배실 혹은 프로그램실의 좌석은 시니어들이 이용하기에 안전하고 편안한지 미리 확인하는 것이 좋습니다. 1시간~1시간 30분 정도의 시간은 시니어들에게 허리와 무릎에 통증을 느낄 수 있을 만큼 긴 시간입니다. 프로그램을 진행하는 동안 집중해서 앉아있을 수 있을 만큼 의자의 푹신함이나 청결 상태가 괜찮은지, 그리고 교재를 놓고 필기할 수 있는 공간과 등받이 여부를 확인해야 합니다. 휠체어나 보행기를 사용하는 시니어들이 있다면 이동하는 동선을 고려하여 통로가 충분히 확보될 수 있도록 해야 합니다.

무엇보다 장소를 선택할 때는 진행하고자 하는 프로그램의 성격에 맞는 장비나 환경이 갖추어져 있는 것이 중요합니다. 예를 들어 몸을 움직여야 하는 프로그램이 있다면 넓은 공간이 필요하고, PPT나 영상을 보면서 강의를 들어야 한다면 TV, 프로젝터, 대형스크린, 마이크, 스피커 등이 완비

되어 있어야 합니다. 진행자는 강의나 안내를 할 때 참석한 시니어들 모두가 잘 보고 잘 들을 수 있도록 화면의 밝기와 글자 크기, 목소리의 크기 등을 시니어의 수준에 맞게 배려해야 합니다.

마지막으로 모임의 장소를 정했다면 응급 상황이 발생할 경우를 대비해 두어야 합니다. 비상 출구와 소화기의 위치를 미리 확인하고 위급한 상황이 발생했을 때 시니어들이 안전하게 외부로 탈출할 수 있도록 미리 대피 경로를 알려주어야 합니다. 교회 사무실에 간단한 응급처치 키트를 준비하고, 가능하다면 심정지 상황에 대응할 수 있도록 자동 심장충격기(AED)를 마련한 뒤에 사용법을 숙지하여 위급한 상황이 발생하였을 때도 신속하고 정확한 대응을 할 수 있도록 훈련해 두어야 합니다. 교회 안에 이러한 응급상황에 관련된 전문가가 있다면 시니어 프로그램을 돕는 자원봉사자로 섭외하는 것이 좋습니다.


### 효과적인 소그룹 운영과 관련된 사항들


교회에서 시니어 프로그램을 운영할 때 소그룹(혹은 반)을 적절하게 활용하는 것은 시니어들이 더 깊이 교제하고 서로 지지하며 영적, 정서적 성장을 도모할 수 있는 훌륭한 방법입니다. 역동적인 소그룹은 개인적인 나눔과 관계 형성에 유용할 뿐만 아니라 보다 적극적으로 프로그램에 참여할 수 있도록 서로를 돌보고 자극하는 상호조력자의 역할을 하기도 합니다. 따라서 시니어 사역자는 참석하는 전체 인원을 고려하여 적절한 숫자의 소그룹을 조직하고 이를 활용하여 시니어 사역을 운영해 나가는 방식을 적극 고려해야 합니다. 모임 초반기에 시니어들이 소그룹 내에서 서로의 일상과 신앙을 나누며 교제하는 시간을 가질 수 있도록 프로그램 시작 전이나 모임 후에 소그룹별로 간단한 다과를 나누거나 서로의 근황을 이야기하는 시간을 마련하면 더욱 좋습니다.

시니어 에센스 워크북의 각 과정을 진행하다 보면 소그룹별로 서로의 생각에 대해서 질문하고 토론하는 상황이 자주 주어질 것입니다. 따라서, 보다 편안하고 자유롭게 대화를 나눌 수 있도록 시니어들의 연령과 건강상태, 관심사에 따라 소그룹을 나누는 것이 좋습니다. 만일 특정 주제에 관한 대화를 나누는 중에 건강관리, 가족관계, 노후준비, 신앙적 체험이나 간증 등 모두에게 도움이 되는 이야기를 들었다면 그 분이 전체 모임에서 자기 경험을 나눌 수 있도록 소그룹의 구성원들이 추천할 수도 있습니다. 이와 같이 소그룹 내에서 경험이 풍부한 시니어들을 멘토로 삼아 새로운 참가자들이나 신앙적으로 고민이 많은 연약한 시니어들을 도울 수 있습니다. 멘토와 멘티가 교제하며 서로 성장하기에는 소그룹이 매우 좋은 여건을 가지고 있습니다.

또한 소그룹 모임에서 시니어들이 각자의 기도 제목을 나누고 함께 기도할 수 있도록 안내해야 합니다. 관계가 친밀해져서 서로 간에 라포(Rapport)가 충분히 형성되면 기도 제목을 나누는 동안 개인적인 이야기도 더욱 편하게 나눌 수 있게 됩니다. 때로는 소그룹 내에서도 기도 파트너를 정해서 일정 기간 동안 서로를 위해 집중적으로 기도하는 관계를 맺어주는 것도 좋습니다. 이는 개인적인 신앙 성장과 영적 지지를 강화하는 데 큰 도움이 됩니다.

각각의 소그룹에 리더들을 임명하거나 자체적으로 선출하도록 하는 것도 유익합니다. 이들을 위한 정기적인 모임을 갖고 리더십 훈련과 교육을 제공하면 소그룹 활동이 더 원활하고 조직적으로 운영될 수 있습니다. 특별히 시니어 사역자는 소그룹 리더들과의 정기적 모임을 통해 각 그룹의 상황을 파악하고 진행했던 프로그램들에 대한 진솔한 피드백을 받아야 합니다. 프로그램의 개선점이나 성공적인 요소를 찾아내어 더욱 발전시켜 나가는데 소그룹이 핵심적인 역할을 해주는 셈입니다.

### 예산 및 재정운영과 관련된 사항들

적절한 예산의 수립과 투명한 재정 관리는 시니어 사역의 효율적인 운영과 지속가능성을 책임지는 매우 중요한 요소입니다. 제한된 자원을 효율적으로 사용하고 잘 관리하기 위해서는 아래와 같은 사항들을 주의해야 합니다.

가장 먼저 본격적인 시니어 사역을 시작하기 전에 명확한 예산을 책정해야 합니다. 프로그램을 진행하는데 필요한 항목들, 예를 들어 교재비, 식대 및 간식비, 재료비, 강사비, 사무비, 홍보비, 예비비 등의 관·항목을 정하고 참석인원과 규모를 반영하여 예상비용을 산출한 뒤에 교회에서 사용하는 문서 양식에 맞추어 지출예산안을 작성해야 합니다.

일단 지출의 규모가 파악되고 나면 수입원을 정해야 합니다. 수입원은 교회로부터의 지원이나 별도의 특별헌금, 혹은 외부 후원 등을 통해 충당할 수 있습니다. 경우에 따라서는 참가하는 시니어들에게 소정의 참가비를 받을 수도 있습니다. 이런 참가비는 프로그램에 대한 관심이나 참여에 대한 동기를 강화시켜 주는 역할을 하기도 합니다. 예를 들어 교재비의 일부를 부담하거나 특정 프로그램의 재료비, 야외활동 시에 필요한 입장료, 특별한 외부강사를 초빙하는 경우에 시니어들로부터 참가비를 받는 것은 재정을 채우는 데 도움이 될 수 있습니다. 다만 이 경우에는 시니어들에게 부담이 되지 않도록 적절한 선에서 금액을 설정해야 합니다. 그리고 혹시라도 경제적인 어려움으로 인해 참여를 고민하는 시니어들이 있다면 간단한 심사 절차를 거쳐서 참가비를 지원 해주는 일종의 장학제도를 운영하는 것도 고려해 볼 수 있습니다.

예산을 세웠다 하더라도 명확한 기준에 맞는 지출이 이루어지지 않는다면 아무런 의미가 없습니다. 모든 지출은 미리 정해둔 예산 범위 내에서만 해야 합니다. 예상치 못한 비용이 발생할 경우에는 이를 처리할 수 있는 추가 예산을 마련하여 처리한 뒤에, 다음 번 예산에 해당 내용을 꼭 반영해야 합니다. 또한 아무리 작은 지출이라 하더라도 기록이 밀리지 않도록 해야 합니다. 보통 큰 금액은 놓치지 않고 잘 처리하게 되지만 간단한 소모품이나 문구류의 구매, 간식과 같은 작은 비용들은 모아두었다가 한 번에 처리하곤 하는데, 이렇게 작은 지출이 쌓이면 나중에는 큰 금액이 되고 결산에 오류를 발생시키는 원인이 됩니다. 때문에 작은 지출 항목도 놓치지 않고 바로바로 기록하는 것이 중요합니다. 이때 모든 지출에 대한 영수증도 반드시 보관하여 투명하게 관리해야 합니다.

시니어 담당 사역자는 프로그램의 기획과 운영에 집중하기 위해서 재정 관리를 책임지고 수행할 수 있는 담당자를 별도로 지정하는 것을 권장합니다. 신뢰할 수 있는 교회의 직원이나 자원봉사자가 맡는 것이 좋습니다. 실제 수입과 지출에 대한 관리는 재정 담당자가 맡아서 수행하고 사역자는 프로그램이 진행되는 동안 재정 담당자의 도움을 받아서 주기적으로 재정 보고서를 작성해야 합니다. 현재 진행 중인 시니어 사역의 규모를 파악하는 것은 사역자로서 반드시 알고 있어야 할 중요한 정보입니다. 어느 항목에서 예상보다 많은 비용이 들었는지, 절감할 수 있는 방법은 없었는지 분석해서 다음 프로그램을 위한 자료로 활용해야 합니다. 이러한 재정 보고서는 교회의 재정팀이나 관련위원회에 제출하고 필요한 경우 수입과 지출에 관한 감사 및 재정 조언을 받는 것이 좋습니다. 이러한 투명한 과정을 통해서 매년 예산을 체크해 보고 필요한 재정을 안정적으로 확보하기 위한 방법을 고민해 나가야 합니다.

프로그램 진행 중에는 한정된 재원을 효과적으로 사용하기 위해서 우선순위를 잘 정하여 지출해야 하며, 비용을 절감할 수 있는 방안을 적극적으로 모색해야 합니다. 예를 들어 반복적으로 사용하게 될 물품이 있다면 대량으로 구매를 해놓거나 타 기관이나 부서와 공동 구매하는 방식으로 단가를 낮출 수 있습니다. 교재나 간식의 경우도 참가자들이나 자원봉사자들로부터 일정 금액의 후원을 받을 수 있습니다. 프로그램 진행을 위한 장비나 재료들은 파손되는 일이 없도록 주의해서 사용해야 합니다.

만일 시니어 사역을 위하여 물품이나 비용을 쾌척한 후원자나 기부자가 있다면 주보나 게시판, 시니어 프로그램 진행 시에 광고 등을 통해 공식적으로 알리고 당사자에게 감사의 뜻이 충분하게 전달될 수 있도록 하는 것이 좋습니다. 그리고 후원금이나 기부한 물품들이 어떻게 사용되었는지에 관한 자료를 후원자들에게 제공하면 지속적인 지원을 받을 가능성도 높아집니다. 물론 자신을 밝히는 것을 원하지 않는 경우는 실명을 공개하지 말아야 하지만 이 경우에도 시니어 공동체에게는 무명으로 우리의 사역을 돕고 있는 고마운 분이 있다는 사실을 알려서 고마운 마음을 갖도록 해야 합니다.

위와 같은 재정 관리를 통해 시니어 프로그램을 효율적으로 운영한다면 참여하는 시니어들과 교회 리더십으로부터 신뢰를 받으며 지속가능한 시니어 사역을 이어나갈 수 있을 것입니다.

## 4단계: 평가하기

**평가는 성공적인 시니어 목회를 위해 꼭 필요합니다.**

시니어들을 대상으로 프로그램을 실시한 후에는 평가의 과정을 통해서 잘된 점과 부족했던 부분들을 살펴보고 시니어 사역의 방향성을 계속 점검해야 합니다. 기획과 진행과정에 참여했던 사역자와 스탭들이 한 자리에 모여서 가급적 이른 시간 내에 평가모임을 진행하는 것이 좋습니다. 이때 평가모임의 회의자료로 활용할 수 있는 데이터가 필요합니다. 각자의 주관적인 판단이나 의견도 좋지만, 프로그램에 참여했던 시니어들의 후기나 설문조사 자료가 있다면 가장 좋습니다. 모든 참여자로부터 피드백을 받는 것이 바람직하지만 시니어들의 특성을 고려해보았을 때, 전체 참여자를 대상으로 자료를 수집하는 것이 무척 어려운 교회도 있을 것입니다. 그럴 때에는 일부 시니어들을 선택하여 간단한 설문지 조사, 1:1 인터뷰,

그룹별 인터뷰, 무기명 투표 등 다양한 방법을 동원하여 프로그램에 대한 의견을 들어야 합니다. 또한 이렇게 수집한 자료들은 다음 프로그램을 위한 참고자료 및 홍보자료로 활용할 수 있도록 잘 보관해야 합니다.

이러한 평가의 과정을 거치지 않고도 시니어 목회를 지속해 나갈 수는 있습니다. 하지만 단 한두 번만이라도 이러한 평가를 통해 시니어들과 소통하면서 더 나은 방안을 모색하려는 노력을 기울인다면, 그렇게하지 않는 교회와는 비교할 수 없을 만큼 빠른 발전을 경험하게 될 것입니다. 시의적절한 평가는 안정적인 시니어 목회를 향한 지름길입니다. 평가결과에 대한 반영을 잘 활용하면 머지않아 우리 교회에서 시니어 목회가 핵심사역으로 당당히 자리잡게 될 것입니다.


**평가를 통해 알아보아야 할 사항들**

평가를 통해서 점검해야 할 항목들은 다음과 같은 것들이 있습니다.

첫 번째, 프로그램의 효과성을 확인해야 합니다. 애초에 계획했던 목적이 얼마나 달성되었는지를 평가하는 것이 중요합니다. 해당 프로그램을 통해서 시니어들이 영적으로 성장하고 교회와 다른 지체들로부터 정서적인 지지를 받았는지 물어봐야 합니다. 참여한 시니어들이 프로그램을 통해 교회가 자신들을 존중하고 있으며, 충분한 돌봄을 받고 있다는 인식을 가질 수 있도록 평가를 통해 이 부분을 확인하는 것이 중요합니다. 프로그램에 참여하기 전과 비교했을 때 신앙공동체와의 관계는 더욱 강화되었는지, 프로그램에서 배운 내용을 실제 생활에 잘 적용해 보고 있는지, 프로그램에 참여한 시니어들은 삶의 질이 향상되었다고 느끼는지를 확인해야 합니다.

두 번째, 시니어들의 필요와 욕구에 대해서 체크해 보아야 합니다. 시니어들의 영적, 정서적, 신체적, 사회적(관계적) 필요가 프로그램을 통해 충족되었는지를 파악해 보아야 합니다. 혹시 이번 과정을 통해 다루지 못한 시니어들의 관심사나 요구사항들은 무엇이었는지도 조사할 수 있습니다. 특히 프로그램의 주제에 대해서 기획자의 의도와 참여자의 의도가 일치하지 않는 부분은 없었는지 살펴보고 이를 수정해야 합니다. 치매에 대한 정보를 전달해 주는 프로그램을 진행했을 경우로 가정해 보겠습니다. 사역자는 '치매의 종류와 증상'에 대한 정보를 전달하는 데 중점을 두었는데, 참여자들은 '치매의 예방법이나 치매와 관련된 복지혜택에 대한 정보'를 기대하며 참석했다면 대상자의 필요와 욕구가 제대로 충족되지 못한 것이라고 볼 수 있습니다. 이런 경우에는 시니어들이 만족하지 못한 부분이나 더 필요로 하는 부분을 알아내어 프로그램의 내용이나 방향을 조정해야 합니다.

세 번째, 프로그램의 운영적인 면을 점검해야 합니다. 프로그램을 잘 운영하기 위해서는 여러 가지 자원들을 확보하고 효율적으로 사용하는 것이 중요합니다. 그중 하나가 인적(man) 자원의 모집과 배치입니다. 시니어 사역을 함께 할 스탭이 충분히 확보되어야 합니다. 각 사람의 달란트와 성향을 고려하여 적절하게 역할을 부여하고, 그들이 끝까지 조화로운 동역의 관계를 잘 유지하도록 관리해야 합니다.

또 다른 자원으로서 물적(material) 자원의 확보와 활용을 생각할 수 있습니다. 물적 자원이란 공간, 시설, 설비, 안전관리, 조명, 음향, 냉난방, 환경 구성 등을 의미합니다. 이것들은 시니어들이 배움과 경험에 집중할 수 있도록 하는 여건으로서 작용합니다. 재정(money) 또한 시니어 프로그램 운영에 있어서 매우 중요한 요소입니다. 재정 운영과 관련해서는 예산 편성, 재정 확보, 지출, 회계장부 기록, 재정 보고서, 감사 등 챙겨야 할 점들이 많습니다. 이러한 내용들이 평가 과정에 포함되어야 합니다. 또한 회의를 통해서 향후 시니어 사역의 자원들이 낭비되지 않고 보다 효율적으로 활용되게 하기 위한 방안을 찾아야 합니다. 이러한 노력을 통해 시니어 사역의 효율성과 지속가능성이 향상될 것입니다.

네 번째, 시니어들의 참여도와 만족도를 확인해야 합니다.

이번 프로그램에 시니어들의 참여도는 얼마나 되었는지 분석해야 합니다. 참여도가 높았다면 그 이유는 무엇인지, 반대로 참여도가 저조했다면 어떤 요소들이 참여도에 영향을 미쳤는지 꼼꼼하게 조사해야 합니다. 프로그램에 대한 전반적인 만족도는 정량평가(점수를 객관적으로 측정)로 표현해 보는 것이 도움이 됩니다. 숫자 데이터는 통계 분석을 통해 평균, 분산, 빈도 등을 쉽게 파악할 수 있어 대규모 데이터 처리나 시간의 흐름에 따른 경향을 파악하는 데 유리합니다. 다만 이러한 만족도가 '성적'의 개념으로 왜곡되는 일이 없도록 주의해야 합니다. 정량평가는 참여도와 만족도에 관한 결과를 직관적으로 살펴보고 원인분석을 위한 데이터로 활용하기 위한 것임을 잊어서는 안 됩니다. 이러한 참여도와 만족도를 조사하는 과정에서 시니어들과 교회 리더십 간의 커뮤니케이션이 강화되는 효과를 얻을 수 있습니다. 무엇보다 시니어들에게 교회를 대상으로 자신들의 만족도와 의견을 적극적으로 표현할 수 있는 소통의 채널을 제공해 준다는 장점이 있습니다.

다섯 번째, 세대 간의 이해와 소통이 얼마나 이루어졌는지 점검해야 합니다. 프로그램을 진행하는 동안에 교회 내 다양한 세대들이 시니어들과 함께 프로그램에 참여할 수 있는 기회가 몇 번 정도 있었는지 점검해 보는 것을 의미합니다. 물론 시니어 목회의 1차 대상은 일정 연령 이상의 어르신들입니다. 당연히 대부분의 프로그램은 시니어들만을 주요 대상으로 진행할 수밖에 없습니다. 그러나 프로그램의 성격과 의도에 따라서는 교회 안의 다른 세대들과 시니어들이 모여서 서로의 말과 행동에 관심을 기울이고, 함께 추억을 쌓아가는 기회들이 종종 마련되어야 합니다. 주요 절기라든가, 교회창립기념일, 가정의 달, 교육의 달과 같은 이벤트에 맞추어 시니어들이 자녀 혹은 손자녀와 함께 할 수 있는 다양한 활동과 자리를 만들도록 노력해야 합니다.

### 평가 설문지(예시)

시니어 프로그램의 효과와 만족도를 측정하기 위한 설문지는 간결하면서도 다양한 질문내용을 포함하고 있어야 합니다. 아래는 시니어 프로그램 만족도 조사를 위한 설문지 예시입니다. 각 질문은 위에서 언급한 프로그램의 여러 요소들을 평가하는 데 도움이 되도록 구성하였습니다. 각각의 항목을 천천히 살펴보시고 세부적인 내용은 각 교회의 상황에 맞도록 수정하여 활용하시기 바랍니다.

# _______교회 시니어 프로그램 만족도 설문지

안녕하세요!

이번 설문은 여러분이 참여하신 시니어 프로그램에 대한 의견을 듣기 위한 조사입니다. 남겨주시는 말씀에 귀를 기울여서 앞으로 더 나은 프로그램을 제공하는 데 참고하도록 하겠습니다. 설문 결과는 익명(혹은 기명으로 진행할 수도 있음)으로 처리되며, 답변에 따라 추가적인 문항이나 요청을 드릴 수도 있습니다.

*기본 정보*

1. 성별

☐ 남성

☐ 여성

2. 연령대

☐ 60–65세

☐ 66–70세

☐ 71–75세

☐ 76–80세

☐ 81세 이상

☐ 기타(_____세)

3. 참여하신 프로그램의 이름을 적어주세요:

(예: 시니어 에센스 '감사' 과정, 시니어 에센스 '소명' 과정, 시니어 에센스 '소망' 과정)

------------------------- -------------------------

*프로그램 만족도*

4. 참여하신 프로그램에는 전반적으로 얼마나 만족하셨습니까?
   ☐ 매우 만족 (100점)
   ☐ 만족 (75점)
   ☐ 보통 (50점)
   ☐ 불만족 (25점)
   ☐ 매우 불만족 (0점)

5. 프로그램의 내용과 목적에 대해서 이해하기 쉽다고 느끼셨습니까?
   ☐ 매우 그렇다
   ☐ 그렇다
   ☐ 보통이다
   ☐ 그렇지 않다
   ☐ 전혀 그렇지 않다

6. 프로그램의 내용이 나의 영적 성장에 도움이 되었습니까?
   ☐ 매우 그렇다
   ☐ 그렇다
   ☐ 보통이다
   ☐ 그렇지 않다
   ☐ 전혀 그렇지 않다

7. 프로그램을 통해 교회에 대한 소속감과 친근감을 더 느끼게 되었습니까?
   ☐ 매우 그렇다
   ☐ 그렇다
   ☐ 보통이다
   ☐ 그렇지 않다
   ☐ 전혀 그렇지 않다

8. 프로그램이 신체적/정서적 건강에 도움이 되었습니까?

☐ 매우 그렇다

☐ 그렇다

☐ 보통이다

☐ 그렇지 않다

☐ 전혀 그렇지 않다

9. 프로그램에 참여하는데 편리하셨습니까? (시간, 장소, 접근성 등)

☐ 매우 편리했다

☐ 그렇다

☐ 보통이다

☐ 그렇지 않다

☐ 매우 불편했다.

10. 프로그램의 진행 방식(강사/리더의 역량, 활동 구성, 교육교재 등)에 만족하십니까?

☐ 매우 만족

☐ 만족

☐ 보통

☐ 불만족

☐ 매우 불만족

11. 프로그램 중 다른 세대나 소그룹들과의 교제, 함께하는 활동에 만족하십니까?

☐ 매우 만족

☐ 만족

☐ 보통

☐ 불만족

☐ 매우 불만족

*추가 의견 및 제안*

12. 프로그램에서 가장 좋았던 점은 무엇이었습니까?

_______________________________________________

_______________________________________________

13. 프로그램에서 개선이 필요한 점이 있습니까?

_______________________________________________

_______________________________________________

14. 앞으로 어떤 프로그램이 더 있었으면 좋겠습니까?

_______________________________________________

_______________________________________________

15. 추가로 하고 싶은 말이 있다면 자유롭게 적어주세요

_______________________________________________

_______________________________________________

감사합니다!

_____________교회 시니어사역팀

# PART C

# 시니어 목회를 돕는 매력적인 교재

## 시니어 에센스 시리즈 소개와 구성

**생애주기 교육과정 개발에 따른 성결교회 노년교재 '시니어 에센스 시리즈'**

기독교대한성결교회는 2000년대 BCM교육목회제도를 도입하면서, 유아·어린이·청소년교회 교사를 대상으로 하는『교사 에센스 시리즈 1~3』, 부모를 대상으로 교육하는『부모 에센스 시리즈 1~2』,『부모 에센스 만나모임 워크북』등 '에센스 시리즈' 교재를 발간한 바 있습니다.

이어 제118년차 총회에서는 '생애주기 교육과정' 개발을 선포하고, 노년, 학령기 부모, 청년을 대상으로 하는 교재를 순차적으로 발간하기로 결의하였고, 마침내 생애주기 교육과정의 첫 번째 교재인 '시니어 에센스 시리즈' 교재를 개발하였습니다. 초고령사회라는 위기를 또 다른 부흥의 기회로 삼고자 하는 교회와 목회자, 그리고 시니어 성도들을 위한 '성결교회 최초의 노년교재'입니다.

'시니어 에센스 시리즈'는『시니어 목회 에센스』와『시니어 에센스 워크북 1~3』을 포함하여 총 4권의 단행본과 각 워크북에 대한 지도자 가이드 PDF 3종으로 이루어져 있습니다.

『시니어 목회 에센스』

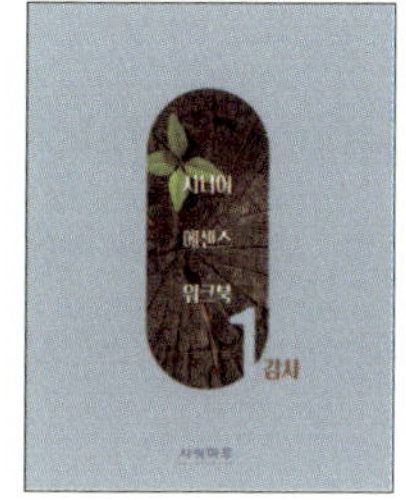

『시니어 에센스 워크북 1~3』

| 구분 | 형태 | 내용 |
| --- | --- | --- |
| 시니어 목회 에센스 | 목회자, 평신도 지도자용(단행본) | 시니어 목회에 관한 개론 및 운영 매뉴얼 |
| 시니어 에센스 워크북1<br>'감사' 과정 | 지도자 가이드(PDF) | 과거의 삶에 대하여 회고하고 감사하는 내용 |
| | 시니어 학습자용(시리즈) | |
| 시니어 에센스 워크북2<br>'소명' 과정 | 지도자 가이드(PDF) | 현재의 삶에 대하여 소명의 삶을 다짐하는 내용 |
| | 시니어 학습자용(시리즈) | |
| 시니어 에센스 워크북3<br>'소망' 과정 | 지도자 가이드(PDF) | 미래의 삶에 대하여 소망을 갖고 준비하는 내용 |
| | 시니어 학습자용(시리즈) | |

## 『시니어 목회 에센스』의 활용

『시니어 목회 에센스』는 시니어 목회를 기획하고 진행하는 지도자용 교재입니다. 시니어 목회에 관한 개론과 운영 등을 안내합니다. 이 책의 1장과 2장은 시니어 목회를 시작하기 전에 알아야 할 기본적인 지식과 시니어 사역을 위한 기획 및 운영에 대하여 자세히 안내합니다. 그리고 이어지는 장에서는 『시니어 에센스 워크북』을 통해 시니어 사역을 효과적으로 실행하고 평가하는 과정을 안내하고 독려합니다. 시니어 사역을 위한 제안도 빠지지 않습니다.

때문에 담임목회자와 시니어 담당 사역자는 『시니어 목회 에센스』를 함께 정독하며 의견을 나누면서 시니어 사역의 중요성을 인식하고, 우리 교회의 상황에 맞는 청사진을 그리며, 시니어 사역의 실제를 기획합니다. 교회 내의 시니어 사역을 위한 평신도 교육에도 이 책은 중요하게 사용될 수 있습니다.

## 『시니어 에센스 워크북』의 활용

『시니어 에센스 워크북』은 시니어 학습자들을 위한 시리즈 교재입니다. 이 책은 총 3권으로, '감사', '소명', '소망'의 세 단계를 거칩니다. 각 단계별로 10차시의 강의와 세리머니 그리고 각 차시에서 활용할 수 있는 활동자료로 구성되어 있습니다. 시니어 학습자들은 이 책을 각자 한 권씩 들고 강의와 프로그램에 참여할 수 있습니다. 담당 사역자는 시니어들이 매시간마다 이 워크북과 필기도구를 가지고 참석하도록 미리 안내해야 합니다.

시니어 학습자는 이 책을 통해 과거를 돌아보고, 현재의 삶을 활력있게 하며, 미래를 준비하는 과정에 참여하여 신실한 노년 성도의 삶으로 회복할 수 있을 것입니다.

## 『시니어 에센스 워크북 지도자 가이드(PDF)』의 활용

『시니어 에센스 워크북 지도자 가이드(PDF)』는 시니어 에센스 워크북을 인도하는 담당 사역자용 자료입니다. 이 자료는 강의 PDF, 강의 PPT 및 활용자료(이미지, 음향 등)와 함께 별도의 구독을 요청하여 사용할 수 있습니다. 담당 사역자는 지도자 가이드(PDF)를 정독해 가면서 각 차시별 운영을 할 수 있도록 미리 준비해 두어야 합니다. 필요하다면 스탭이나 봉사자들과 사전에 준비 모임을 하고 강의 및 세리머니가 차질없이 진행될 수 있도록 리허설을 진행하는 것도 고려해야 합니다.

지도자 가이드(PDF)에는 각 파트별로 진행 매뉴얼이 상세하게 기록되어 있으므로 담당 사역자는 이를 참조하여 파트마다 시간이 적절하게 분배될 수 있도록 나름대로의 진행안을 작성해 두어야 합니다. 정해진 시간 내에 시니어들에게 가르쳐야 할 내용들이 충분히 전달될 수 있도록 하는 것이 중요합니다. 특별히 참여하는 시니어들의 연령과 수행 능력, 인원, 장소 등을 고려하여 활동 프로그램 운영 시간이 부족하지 않도록 세심한 주의를 기울여야 합니다.

## 『시니어 에센스 워크북』의 교수-학습 구조

『시니어 에센스 워크북』은 다음과 같은 4가지 파트로 구성되어 있습니다. 4단계의 교수-학습 과정은 시니어 학습자로 하여금 교육목표를 이루도록 돕는 데에 매우 중요합니다. 담당 사역자는 4단계의 교수-학습 과정이 갖는 의의를 잘 이해하여 진행합니다.

| 각 단계 | 내용 |
| --- | --- |
| 말씀의 시니어 | 5분 메시지<br>(주제와 관련된 성경묵상) |
| 지혜로운 시니어 | 생각 질문 및<br>주제 강의 20분 |
| 참여하는 시니어 | 활동 프로그램 15분 |
| 성결한 시니어 | 강의 정리 및 결단<br>과제 제시<br>찬양과 기도 10분 |

『시니어 에센스 워크북』의 각 차시는 '말씀의 시니어'로 시작합니다. 각 차시에 다룰 내용과 관련한 성경묵상으로 주님의 말씀에 귀를 기울입니다. '말씀의 시니어'에 제공된 말씀은 잔잔한 음악과 함께 대표자가 낭독하고, 계속하여 시니어 학습자가 말씀을 묵상하도록 하는 시간을 가지면 좋습니다. 담당 사역자는 '지도자 가이드(PDF)'를 참고하여 5분 내외의 말씀묵상을 시니어 학습자에게 나눕니다.

'지혜로운 시니어'에서는 1~2개 정도의 생각 질문으로 시작합니다. 시니어 학습자가 질문에 말로 대답해 보거나, 워크북에 써서 주제와 관련한 동기를 가지도록 합니다. 이어지는 주제 강의는 '지도자 가이드(PDF)'를 참고하여 약 20분 동안 진행하며, 시니어 학습자는 워크북 안에 중요한 내용을 확인하거나 필기하며 강의를 듣습니다.

'참여하는 시니어'는 약 15분 동안 진행하는 활동과정을 안내합니다. '참여하는 시니어'가 제안하는 활동은 '지혜로운 시니어'에서 강의한 주요 주제를 체험, 체득해 보는 활동으로 구성되어 있습니다. 시니어 학습자는 담당 사역자의 인도하에 준비물, 워크북 활동지, 활동자료 등을 가지고 제공된 활동에 참여합니다. 담당 사역자는 '지도자 가이드(PDF)'의 활동내용을 사전에 숙지하고, 준비물 및 자료 등도 꼭 준비하여 놓습니다. 활동에 따라서 세심한 주의가 필요하므로 반드시 '지도자 가이드(PDF)'의 주의점을 기억하여 진행합니다.

'성결한 시니어'는 앞선 강의를 정리하고 적용하며 결단하도록 인도합니다. 시니어 반을 마치고 삶으로 돌아가 적용할 수 있는 활동을 제안하기도 합니다. 경우에 따라서는 다음 차시까지의 과제도 제안합니다. 시니어 학습자는 '성결한 시니어'가 제안하는 과제를 성실하게 참여해야 합니다.

앞서 설명한 네 단계의 교수-학습 과정을 마친 후에는 찬양과 기도로 모임을 마무리합니다.

말씀의 시니어

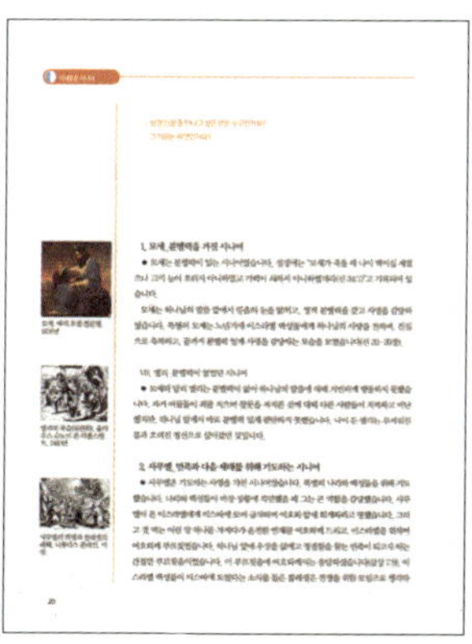

지혜로운 시니어

참여하는 시니어

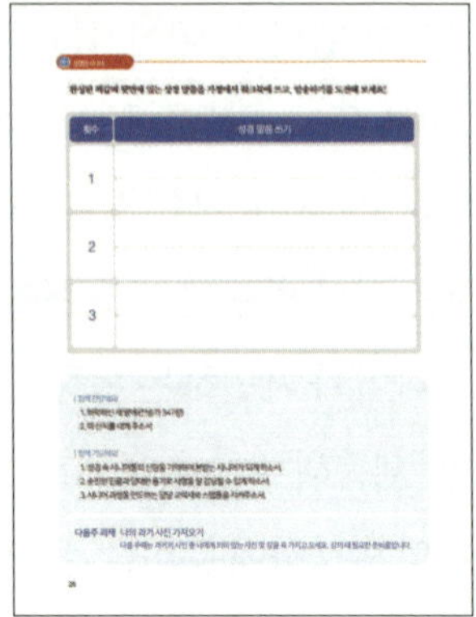

성결한 시니어

시니어 에센스 워크북 교수-학습 구조

시니어 에센스에서 제안하는 세 단계의 과정에 대한 이해는 대단히 중요합니다.

과거-현재-미래의 순차적인 커리큘럼을 잘 이해하고 각 차시별 교육목표를 시니어들에게 정확하게 전해줌으로써 참여하는 시니어들의 영적 성장과 삶의 변화를 유도할 수 있기 때문입니다. 이와 관련해서 다음 장에서는 '감사', '소명', '소망' 각 과정별로 세부적인 내용과 각 차시별로 진행하게 될 주제를 살펴보도록 하겠습니다.

『시니어 목회 에센스』, 『시니어 에센스 워크북 1~3』 등 단행본은 아래 구입처에서 구매할 수 있습니다. 『시니어 에센스 워크북 지도자 가이드(PDF)』는 아래 구입처에서 구독할 수 있습니다.

기독교대한성결교회 총회본부 교육국

Tel. 02-3459-1051~2

홈페이지. www.eholynet.org / 도서몰. 네이버스토어 사랑마루 몰 / 문의. 카카오톡 채널 '총회본부 교육국'

# 시니어 에센스 워크북1 '감사'과정 안내

## 과거를 돌아보고 그 의미를 발견하는 '감사'과정

### 돌아보면 굽이굽이 '감사'의 여정

시니어 에센스 프로그램의 첫 과정을 통해 만나게 될 시니어들은 노년기에 대한 긍정적인 인식보다는 부정적인 인식을 가지고 있는 분들이 많을 것입니다. 우리 사회는 젊음과 높은 생산능력을 미덕으로 여기는 경향이 있습니다. 더하여 노년의 시기를 상실과 절망의 시간으로 간주하는 낡은 노령 담론이 상식처럼 여겨지기도 합니다. 실제로 시니어들은 노년기로 접어들면서 겪게 되는 신체기능의 상실과 정서적 위기, 사회적 지위의 변화로 상당한 위축감을 경험합니다. 그런 이유로 시니어들조차 자신을 '늙은이'라고 생각하거나 비하하는 경우가 있습니다.

자! 이제 이러한 낡은 노령 담론에 빠져있는 시니어들을 깨워야 할 시간입니다. '감사'의 과정으로 들어오도록 독려하십시오. 10번의 프로그램에 참여한 후에 변화될 자신들의 모습을 상상하도록 기대감을 불어넣어 주십시오!

시니어들과 함께 할 첫 번째 과정은 그들이 겪어온 '과거'와 관련되어 있습니다. 이 과정에서는 초고령사회로 접어드는 우리 사회의 현 주소에 관해 고찰하며, 우리 사회가 필요로 하는 지혜와 경륜이 있는 활기찬 어른의 모습에 대해 생각해 보는 시간을 갖게 됩니다. 노년기의 발달적 변화에 대한 강의와 자기 모습을 들여다볼 수 있는 다양한 프로그램들을 통해서 노년의 시기가 자신만 겪는 '고독한 쇠퇴의 길'이 아니라는 것을 깨닫게 됩니다. 인간이라면 누구나 겪는 노화의 과정은 '하나님의 선물'이며 계속 성장하고 성숙해 가는 과정으로 재인식하게 될 것입니다.

이 '감사' 과정에서 가장 핵심적인 부분은 지나온 자신의 인생을 반추해 보고 그 가운데 아름답고 영광스러웠던 순간과 부끄럽고 후회되는 순간들을 모두 대면해 보는 과정입니다. 그리고 지난날의 자신의 모습과 솔직하게 대면하는 과정을 통해서 삶의 모든 순간 함께하셨던 주님을 발견하도록 안내합니다. 임마누엘 하나님, 에벤에셀 하나님의 은혜를 깨닫고 나면 오늘의 내가 있음에 그저 감사할 수 있게 됩니다. 더 이상 낡은 노령 담론의 주인공이 아니라 굴곡진 삶의 여정을 주님과 함께 걸어온 자신에게 수고했노라 인사를 건네며 그 길을 친히 인도하신 하나님께 감사를 고백하는 과정이 될 것입니다.

이 과정을 진행하는 동안 몇몇 시니어들은 여러 가지 감정에 직면하게 될 것입니다. 기쁘고 행복하고 감사가 넘치기도 하겠지만, 때로는 여전히 대면하거나 꺼내놓기 싫을 정도로 힘들고 부정적인 감정도 마주할 수 있습니다. '감사'의 과정에서는 시니어들이 이를 그대로 수용하고 건강하게 변화시키는 방법을 모색하여 자신과 타인에 대한 용서에 이르도록 안내할 것입니다. 이처럼 노화에 대한 인식의 전환과 지나온 시간에 대한 회상, 대면, 용서의 과정을 통해서 모든 것이 하나님의 은혜임을 깨닫고 자신만의 신앙고백으로 감사를 새기는 경험을 하게 되면 이후에 진행될 소명의 과정과 소망의 과정에 대해서도 기대감을 품게 될 것입니다.

## 시니어 에센스 워크북1-'감사'과정 한눈에 살피기

| 차수 | 강좌명 |
| --- | --- |
| 내용 | |
| 01 | 새 길을 여시는 하나님 |
| 시니어 에센스 워크북 '감사' 과정을 시작하는 예배를 통해, 주님께서 다시 한번 새롭게 여실 길에 관해 기대합니다. | |
| 02 | 시니어, 새로운 시작 |
| 지금 우리 사회가 처해 있는 초고령화 가운데, 지혜와 경륜이 있는 어른, 행복한 시니어로서의 활기찬 시도를 결단합니다. | |
| 03 | 나는 시니어입니다 |
| 노년기의 여러 발달적 변화를 이해하고, 자신의 지금 모습은 어떠한지를 돌아보고 행복하고 활기찬 시니어로 살아가기 위한 실천 사항을 시도해 봅니다. | |
| 04 | 성경 속 시니어 만나기 |
| 성경의 인물들 중 노년의 시기를 보냈던 인물들의 명화를 찾아 살피고, 책갈피를 만들고 관련 성경 말씀을 필사하며 그들의 삶을 기억해 봅니다. | |
| 05 | 나의 인생 사진관 |
| 현재 시니어들의 살아왔던 시대가 어떠한지, 자신의 어리거나 젊었던 시절은 어떠했는지, 과거의 사진을 통해 자신의 인생 여정을 되돌아보고 소개하는 시간을 통해 그 시간 가운데 함께하신 하나님께 감사드립니다. | |
| 06 | 지금까지 지내온 것은 |
| 자기고백적 글쓰기, 자신의 삶을 기록하는 것은 시니어 건강에 도움을 줍니다. 내 인생 자서전을 기록하며 지금까지 지내온 것이 주님의 크신 은혜임을 깨닫습니다. | |
| 07 | 마음의 건강검진 |
| 자신의 인생여정을 돌아보다 보면, 해결되지 않고 숨겨진 고통과 마주하게 됩니다. 내게 숨겨진 나쁜기억이나 경험을 직면하며 그것에서 얻은 이득이 무엇일지를 생각해 봅니다. | |

| 08 | 용서의 여정 |
| --- | --- |
| 해결되지 않은 나쁜 기억이나 경험, 관계, 인식 등은 결국 자신에게 가장 큰 해를 끼칩니다. 때문에 용서에 이르는 길은 우리가 반드시 걸어가야 할 길입니다. 단번에 이룰 수는 없다 하더라도 용서의 여정에 관해 배우며, 예수님과 함께 용서의 여정을 걸어가 봅니다. | |
| 09 | 그래서 감사합니다 |
| '감사'가 갖는 여러 효용에 관해 고찰해 보고, 자신의 지난 시간을 되돌아보며 잊어버린 감사를 나누며 감사의 효용을 누려봅니다. | |
| 10 | 다시 피는 감사 |
| 시니어 에센스 '감사' 과정을 진행하며 기록했던 자서전 출간을 기념합니다. | |

# 시니어 에센스 워크북2 '소명'과정 안내

## 활기찬 오늘을 살아가는 시니어의 자기발견 '소명'과정

### 은퇴할 수 없는 주님의 일 '소명'을 찾아서

유진 비안키(Eugene Bianchi)는 "나이듦은 생물학적 과정보다 영적 과정으로서 더 중요하다"고 말했습니다. 그런데 폴 스티븐스(R. Paul Stevens)는 "나이가 든다는 것은 영적으로 더 깊어지는 것이 되어야 하지만 모든 사람이 그렇지만은 않다."고 말하였습니다. 신앙의 연륜을 쌓아가며 영적인 선배로서 공동체에 선한 영향을 끼치는 시니어가 있는가 하면, 어떤 사람들은 화려한 시절만을 회상하며 무덤에 들어가는 순간까지 시간과 재산을 소모하며 영적인 퇴보를 보이는 사람도 있습니다.

앞서 표현한 것과 같이 무덤에 들어갈 때까지 우리 인생은 멈추지 않고 매 순간 계속됩니다. 노년기 역시 인생의 거대한 시계에서 여전히 움직이는 시계바늘에 해당하는 것입니다. 이처럼 멈추지 않고 계속되는 시간의 흐름 속에서 우리에게 필요한 것은 무엇일까요? 바로 '소명'입니다.

칼 바르트(Karl Barth)는 "우리는 언제든지 하나님의 소명을 새롭게 받는다. 그러므로 매 순간 준비되어 있어야 한다."고 말했습니다. 준비되어 있기만 하면 노년의 시기에도 새롭게 소명을 받을 수 있습니다. 사도 바울은 '주인이 쓰기에 합당하게 준비된다면 어떠한 그릇도 그 소재와는 상관없이 주인의 선한 일에 쓰임받게 될 것'이라고 말했습니다(딤후 2:20-21).

> 20 큰 집에는 금 그릇과 은 그릇뿐 아니라 나무 그릇과 질그릇도 있어 귀하게 쓰는 것도 있고 천하게 쓰는 것도 있나니
> 21 그러므로 누구든지 이런 것에서 자기를 깨끗하게 하면 귀히 쓰는 그릇이 되어 거룩하고 주인의 쓰심에 합당하며 모든 선한 일에 준비함이 되리라

소명은 하나님으로부터 우리에게 주어지는 부르심입니다. 하나님은 우리 모두가 하나님께 속하고, 자신의 뜻대로 의롭게 살아가며, 교회와 세상을 섬기는 사역에 동참하라고 우리를 부르십니다. 그래서 이 소명에 대한 발견과 확신은 우리 인생의 중요한 목적과 원동력이 됩니다. 소명을 받은 시니어는 새로운 삶의 목적과 힘을 얻고 주님을 위해 살고자 하기 때문에 그야말로 인생 후반기를 활기차게 살아갈 수 있습니다.

이러한 차원에서 『시니어 에센스 워크북』의 두 번째 과정인 '소명'은 시니어들의 '오늘'과 관련이 있습니다. 이 과정에 참여하는 시니어들은 폴 스티븐스의 말처럼, "소명에는 은퇴가 없다."는 사실을 깨닫게 될 것입니다. 자신과 주변인을 유익하게 만들고 궁극적으로 하나님의 일에 동역할 수 있음을 기뻐하며 또한 기대하게 될 것입니다. 또한 오늘날의 삶을 위협하는 여러 가지 요소들에 대해서도 살펴보고 그에 대해 대비를 할 수 있도록 안내합니다. 여기에서 말하는 위험요소에는 건강 리스크, 경제 리스크, 관계 리스크, 정서 리스크 등이 포함됩니다.

마지막으로 이 과정을 통해서 시니어들은 오늘 내가 이루고 싶은 꿈의 조각들을 생각해 보고 일상의 소소한 성취와 성공경험을 통해 자신을 부르신 하나님의 소명이 무엇인지 퍼즐을 맞추듯 구체화해보는 기회를 갖게 될 것입니다.

노년의 시기에도 신체적, 정서적, 사회적, 영적으로 많은 자원을 가지고 있습니다. 어떤 이들은 오히려 젊은 시절보다 더욱 풍부한 자원을 소유하고 있기도 합니다. 이러한 자원을 두 손에 움켜쥐고만 있는 것이 아니라 하나님이 주신 소명에 순응하여 기꺼이 내어드리며 헌신한다면, 나이듦을 은퇴의 경험에서 새로운 사역의 출발점으로 재구성하는 좋은 기회로 삼을 수 있게 될 것입니다. 이러한 과정을 통해 더욱 성숙한 신앙인이자 신앙의 선배로서 교회공동체에 귀감이 될 수 있습니다. 시니어 담당 사역자는 이 과정을 통해서 시니어에게 소명을 찾아주는 일이 한 사람의 인생에 새로운 의미와 목적을 부여하는 귀한 일임을 깨닫게 될 것입니다.

## 시니어 에센스 워크북2–'소명'과정 한눈에 살피기

| 차수 | 강좌명 |
| --- | --- |
| 내용 | |
| 01 | 만나서 반갑습니다 |
| 시니어 에센스 '소명'과정을 시작하며, 응원과 격려 가운데, 오늘을 더 건강하고 행복하게 살기 위한 키워드를 찾아봅니다. | |
| 02 | 소명에는 은퇴가 없습니다! |
| 사회 가운데 만연한 낡은 노령 담론에 머무는 시니어로 남을 것인가? 아니면 오늘 내 삶이 세상에 기여할 소명을 발견할 것인가? 이 강좌를 통해 시니어의 삶에도 소명이 있음을 알아갑니다. | |
| 03 | 시니어의 소명 발견 |
| 요즘 시니어들의 생각과 관심사는 어떠한지 고령 교인의 통계를 통해 시니어의 인식변화를 살피고 교회와 가정, 사회의 각 영역에서 자신의 재원과 달란트와 은사로 섬길 수 있는 방법을 생각해 봅니다. | |

| 04 | 시니어의 건강한 삶 |
|---|---|
| 소명을 발견하고 실천하는 시니어의 오늘의 삶의 조건은 신체 건강한 삶이 필수적입니다. 시니어의 신체 건강한 삶을 위한 노하우를 배우고, 건강한 삶 가운데 소명을 찾아봅니다. | |
| 05 | 시니어의 경제적 삶 |
| 노년의 시기에 경제적 삶을 위협하는 요소와 그것을 극복할 수 있는 방법을 생각해 보고, 노년의 현명한 경제적 삶을 위한 노하우를 배우고, 경제적 삶 가운데 소명을 찾아봅니다. | |
| 06 | 시니어의 관계적 삶1 |
| 시니어에게 중요한 관계적 삶의 첫 번째 차시로, 나와 나의 건강한 관계를 위한 노하우를 알고, 나 자신과의 건강하고도 재미있는 관계적 삶을 회복할 소명을 찾아봅니다. | |
| 07 | 시니어의 관계적 삶2 |
| 자녀, 배우자, 사회적 관계 그리고 신앙공동체 안에서의 관계적 리스크를 알아보고 그것을 극복하는 방법을 찾으며, 건강한 관계적 삶을 위한 소명을 찾아봅니다. | |
| 08 | 시니어의 정서적 삶 |
| 시니어의 건강한 정서를 위협하는 요소와 그를 극복하는 실제적인 방법을 알아보고, 공동체 안에서 건강한 정서적 삶을 위한 소명을 찾아봅니다. | |
| 09 | 새로운 꿈의 조각 모음 |
| 노년에 소명을 찾은 사람들의 이야기를 듣고, 자신의 소명을 찾을 수 있는 실제적인 단계를 밟아보며 자신의 소명을 찾아봅니다. | |
| 10 | 특별한 방문 |
| 시니어 에센스 '소명'과정을 수료하며, 교회공동체 또는 사회적 공동체에서 소명을 위한 소그룹 혹은 기관을 찾아 특별한 방문을 시도해 봅니다. | |

# 시니어 에센스 워크북3 '소망'과정 안내

## 시니어의 내일을 준비하는 '소망'과정

### '소망'으로 미래를 준비하는 시니어

청소년기 학생들은 더 나은 내일을 준비하기 위해 학업과 입시에 온 에너지를 쏟습니다. 청년들은 좋은 일자리 그리고 멋진 가정을 이루기 위해 많은 준비와 시행착오를 거듭합니다. 장년들도 마찬가지입니다. 자신들의 삶에서 '커리어 하이(Career high)'를 달성하기 위해 끊임없이 투자하며 자신과 가족을 돌보는 일에 온 힘을 다합니다. 그렇다면 시니어들은 내일을 위해 어떤 준비를 해야 할까요?

앞서 1장에서 죽음에 대해 계획하고 있는가를 묻는 한 설문조사에 관해 이야기했습니다. 58%가 넘는 사람들이 '죽음에 대한 계획을 세우고 있지 않다'고 하였는데, 그 이유로는 '아직 준비할 때가 아니라고 여겨서'라고 답했습니다. '고민해 본 적이 없다'라거나 혹은 '죽음이 낯설고 두려워서'라는 대답도 볼 수 있었습니다. 맞습니다. 의사로부터 시한부 선고를 받은 몇몇 환자를 제외하고는 언제가 될지도 모를 죽음에 관해서 계획을 세우고 준비하기란 여간 어려운 일이 아닐 것입니다.

하지만 죽음은 누구나 겪게 되는 삶의 과정입니다. 요즘은 웰다잉에 관한 정보나 관심이 많이 늘어나고 있습니다. 자신의 존엄한 최후를 위해 스스로 공부하고 준비해야 하는 것들이 있다고 생각하는 것입니다. 유언, 유산, 장기기증, 사전연명의료의향서, 장례식 등이 그 예입니다. 여기에 그리스도인들은 이 땅에 남길 신앙의 유산도 포함시켜야 합니다. 무엇보다 이 모든 과정에서 영원하고 궁극적인 소망 천국을 준비하도록 도와야 합니다.

시니어들과 함께 배울 시니어 에센스 워크북 '소망'과정은 '내일'의 삶과 관계된 프로그램입니다. 이 과정에서는 과거에 사로잡혀 있거나, 오늘만 사는 삶이 아니라 미래를 준비하는 삶이 시니어에게 필요함을 강조합니다. 모든 성도에게는 궁극적인 소망이 있습니다. 그것은 바로 이 땅에서의 사명을 마치고 죽음이라는 문을 통해서 우리가 맞이하게 될 하나님 나라에 관한 소망입니다. 그 소망은 십자가 위에서 구원을 이루시고 영생을 주신 예수 그리스도로 말미암아 우리에게 이미 임했습니다. 이 복음에 대한 확신과 하나님 나라의 영원한 삶을 소망하고 있는지 스스로에게 묻고 점검하는 과정을 준비했습니다. 또한 우리에게 주어진 영원한 하나님 나라의 삶은 세상 사람들이 바라보는 것과 전혀 다른 차원의 '죽음'을 의미한다는 것을 가르쳐줍니다. 누구에게나 반드시 이르는 죽음을 기억하고 죽음에 관한 부정적인 인식을 성경적인 죽음으로 전환하도록 촉구합니다. 이 과정 중에 순교지를 방문하거나 순교에 관한 이야기를 배울 수 있도록 프로그램을 구성하여 부활 신앙으로 죽음의 두려움을 이겨냈던 순교자들의 신앙을 본받는 기회도 가질 수 있습니다.

유진 비안키는 "노부모가 자녀에게 남길 수 있는 가장 아름다운 유산은 노년과 죽음을 용감하고 우아하게 맞이하는 법을 삶으로 가르치는 것이다."라고 말했습니다. 시니어들이 죽음 이후에 나는 무엇을 남길 수 있을지를 생각하며 잘 남기고 떠나는 준비를 연습해 볼 수 있도록 실제적인 정보들을 전달합니다. 나의 죽음이 타인의 손에 의해 함부로 다루어지는 것이 아니라 마지막 순간까지 존엄하게 유지될 수 있도록 하려면 어떤 준비를 해야 하는지에 관해서도 살펴봅니다.

마지막으로 이 땅에서의 내가 사랑했던 사람들과 나를 사랑해 주던 사람들이 기억할 수 있도록 나에 대한 당부를 모두에게 남기는 프로그램도 포함하고 있습니다. '소망'과정을 다 마친 후에는 과정 중에 준비한 신앙의 유산을 전달하는 기증식과 함께 전 과정('감사'–'소명'–'소망' 과정)을 마친 수료를 기념하여 감사의 예배를 드리는 것으로 마무리하게 됩니다.


## 시니어 에센스 워크북3–'소망'과정 한눈에 살펴기

| 차수 | 강좌명 |
| --- | --- |
| 내용 | |
| 01 | 또 만났네요 |
| 커리큘럼 인지 게임을 통해 시니어 에센스 워크북 '소망'과정에 대한 동기를 가집니다. | |
| 02 | 소망과 준비 |
| 시니어의 삶에도 아직 꿈꾸고 있는 것이 있는가? 고민에 잠식되지 말고 소망을 가지고 미래를 준비하는 시니어의 삶에 관해 생각해 봅니다. | |
| 03 | 우리의 궁극적인 소망 |
| 모든 성도의 궁극적인 소망이 되는 천국에 관해 배우고, 복음의 확신을 확인하는 과정을 통해 본질적인 소망이 내게 있는지를 점검하는 시간을 가집니다. | |

| 04 | 메멘토 모리 |
| --- | --- |
| 메멘토 모리, 누구에게나 이르는 죽음을 기억하고, 일반적으로 부정적인 죽음에 관한 인식을 넘어서, 성경이 말하는 죽음, 죽음을 소망으로 바꾼 사람들의 이야기를 통해 죽음에 관한 인식을 전환합니다. | |
| 05 | 천국 소망을 찾아서 |
| 우리 교회와 가까운 순교지 혹은 교단 순교지를 방문하여 천국 소망을 가지고 살았던 사람들의 발자취를 따라가 봅니다. | |
| 06 | 호사유피 인사유명 |
| 나의 죽음 이후에 무엇을 남길 것인가? 잘 살아간 사람으로서 남길 수 있는 유산과 기부에 관한 이야기를 배우며, 내가 남기는 것이 미칠 영향을 생각해 봅니다. | |
| 07 | 믿음의 유산 |
| 그리스도인으로서 나의 자녀와 믿음의 다음세대에게 남길 영적유산이 있음을 알고, 준비하는 시간을 가집니다. | |
| 08 | 나의 존엄한 죽음을 위하여 |
| 유언장, 사전연명의료의향서, 장기기증 등 자신의 사후를 위한 실제적인 준비에 관한 정보와 절차 등을 자세히 알아봅니다. | |
| 09 | 나를 기억해 줘요 |
| 자신의 사후에 자녀와 자신을 아는 이들이 꼭 기억해 주었으면 하는 '나'에 관한 기록을 남기고, 나의 장례식을 계획해 봅니다. | |
| 10 | 기증 그리고 수료 |
| '소망'과정에서 준비한 신앙의 유산을 다음세대를 위해 기증하고, 시니어 에센스 워크북 '감사'–'소명'–'소망'의 세 과정을 무사히 수료하게 됨을 감사하는 예배를 드리며 기념합니다. | |

# PART D

# 시니어 사역의 내일을 위한 제안

## 시니어 사역의 내일을 위한 제안

　서울대학교 소비자학과의 김난도 교수는 지난 2008년부터 매년 이듬해의 시장을 전망하면서『트렌드 코리아』라는 책을 펴내고 있습니다. 그는 대학원생들과 시장 전문가들을 참여시켜서 우리 사회의 다양한 현상들에 대한 문헌조사, 전문가 워크숍, 설문조사, 패널회의 등을 통해 주어진 자료들을 분석한다고 합니다. 그러한 분석 결과를 토대로 다음 해에 주목해야 할 사회현상이나 대중들의 소비트렌드를 몇 가지 키워드로 제시하고 있습니다. 이 책은 많은 사람들이 찾아서 매년 베스트셀러에 오르고 있습니다. 이러한 흐름에 영향을 받았는지 최근에는 다양한 분야에서 트렌드를 분석하는 책들이 등장하고 있습니다. 직업, 패션, 음식, AI기술, 취미, 물류, 부업 등 그 분야도 천차만별입니다. 그리고 그 가운데에는 교회트렌드를 다루는 책도 있습니다. 최근에는 시니어 트렌드를 분석하는 책도 등장했습니다. 우리는 이와같은 트렌드 관련 책들을 통해 목회 환경이 어떻게 변화되고 있는지를 파악할 수 있습니다. 그리고 성도들을 위해 어떤 사역을 마련해야 할지에 대한 통찰을 얻을 수 있습니다.

출처. yes24, https://www.yes24.com/

변화되고 있는 목회 환경 가운데 주목되는 주제로서 '시니어'를 들 수 있습니다. 실제로 많은 분들과 대화를 나누다 보면 교회 안의 시니어에 대한 관심이 날이 갈수록 높아지고 있다는 것을 실감하게 됩니다. 비단 목회자뿐만 아니라 평신도들 사이에서도 시니어 목회에 관한 관심이나 돌봄과 관련한 요청이 빠르게 늘어나고 있습니다. 위의 책『한국교회 트렌드 2025』에서도 시니어 미니스트리(Senior Ministry)를 주목했습니다. 즉 초고령의 시대를 직면하고 있는 한국교회의 새로운 사역분야로서 시니어 사역을 소개한 것입니다. 앞으로 불과 10년 이내에 한국교회의 목회 현장은 시니어 사역이라는 관점에서 볼 때 지금과는 사뭇 다른 방향으로 변해 있을 것입니다. 지금, 이 시각에도 교회 안의 시니어 숫자는 급증하고 있으며, 이들의 일상과 직결된 복잡다단한 삶의 이슈가 마치 폭풍처럼 서서히 다가오고 있기 때문입니다. 그 가운데 대표적인 것들만 간추려 보면 다음과 같습니다.

- 노인성 질병 및 치매환자의 증가
- 황혼이혼 및 재혼의 증가

- 배우자의 사별과 홀로서기를 위한 돌봄
- 노인우울증 및 고독사 문제
- 유산의 상속 및 증여와 이로 인한 분쟁의 문제
- 존엄한 죽음 및 안락사에 대한 관심
- 노인의 경제적 양극화의 가속
- 보이스피싱과 같은 노인 대상 금융사기

위에 나열된 이슈들은 사실 시니어 당사자들만의 문제가 아닙니다. 이들을 돌보는 가족과 교회공동체, 그리고 우리 사회가 마주하게 될 예견된 미래입니다. 과연 한국교회는 이처럼 다가오는 미래에 대한 대답을 잘 준비하고 있을까요? 앞으로는 이러한 문제들에 대한 목회적 돌봄과 함께 활동적인 시니어 소그룹, 시니어 성도들을 위한 실용적인 프로그램을 갖춘 교회들이 주목받게 될 것입니다. 더 나아가 교회 안에 늘어나고 있는 액티브 시니어들을 사역의 주체로 세워나가는 교회들이 더욱 다양한 분야에서 선교적 사명을 훌륭하게 감당할 수 있게 될 것입니다.

그렇다면 다가오는 초고령시대를 위해 교회는 어떤 것들을 준비해야 할까요?

시니어 사역은 긴 호흡이 필요한 일입니다. 시니어 사역은 단거리 달리기가 아니라 마라톤에 가깝습니다. 우리나라의 인구구조를 생각해 보았을 때, 어쩌면 마라톤보다 훨씬 긴 시간을 달려야 할 수도 있습니다. 한순간에 체질을 바꿀 수는 없겠지만, 더 나은 시니어 사역이라는 긴 여정을 위해서 한국교회가 지금부터 준비해야 할 사항을 다음과 같이 세 가지로 정리해 보았습니다.

**첫째, 롱런(Long Run) 하려면 롱런(Long Learn)해야 합니다.**

유명한 성우 배한성 씨는 어린 나이에 집안의 가장이 되어야만 했던 불우한 유년기를 보냈습니다. 하지만 긍정의 마인드와 소신으로 어려움을 극복하며 50여 년간 대한민국 대표 성우로 자리매김해 왔습니다. 최근 그는 자신의 극적인 인생사를 통해 사람들에게 희망을 주는 강사로 활동하고 있습니다. 자신의 강의에서 '조금 더 오래' 혹은 '조금 더 가치 있게' 인생을 살아가는 방법으로써 지경을 넓혀나가는 것 즉, 나이가 많고 적음을 떠나 끊임없이 배우려는 자세를 주장합니다. 그는 이러한 노력을 강조하는 의미로 "롱런(Long Run) 하려면 롱런(Long Learn)하라"라는 강의 제목을 사용하고 있습니다. 우리말로는 같은 발음이지만 원어는 전혀 다른 의미의 단어입니다. 길게 달리려면 지속적으로, 꾸준하게 인생을 배우고 학습해야 한다는 의미입니다.

그동안 시니어 사역에 관한 공부를 하면서 가장 많이 느끼는 부분이라면 '변화의 범위가 넓고, 그 속도가 매우 빠르다'는 점입니다. '시니어'라는 단어로 규정하기에는 노년층의 연령이 매우 넓게 분포되어 있습니다. 각자의 욕구와 개성 그리고 처해 있는 환경도 그야말로 천차만별입니다. 그렇기에 시니어에 대한 접근과 분석도 다양할 수밖에 없습니다. 예를 들어 트렌드를 주도하는 핵심 소비인구로서 시니어를 바라보는 관점도 있지만, 우리 사회의 가장 취약한 계층이자 노인 빈곤율 세계1위라는 경제문제의 핵심변수로서 시니어를 바라보는 관점도 공존합니다. 따라서 시니어와 관련된 다양한 분석과 정보들에 대해서 꾸준하게 업데이트를 해야 합니다.

이 책의 1장에서 제안한 '지피지기(知彼知己)'를 위한 개인과 교회 차원의 노력을 게을리해서는 안 됩니다. 각 교회에서 시니어 목회를 담당하는 사역자는 물론이고 담임목회자와 시니어 지원팀도 시니어 트렌드와 시니어 목회에 대한 감각이 무뎌지지 않도록 지속적인 배움을 지향해야 합니다. 내부적으로는 정기적인 독서모임과 리트릿(수련회, 퇴수회 등), 외부강사를 초청하여 교회의 상황에 대한 분석과 컨설팅을 받아보는 시도 등을 할 수 있을 것입니다. 외부적으로는 시니어와 관련된 세미나, 박람회, 우수사례 견학, 학술모임 등에 참석해 보거나 시니어 사역 전문가과정 등에 직접 참여하여 교육을 이수하는 것이 매우 큰 도움이 됩니다.


**둘째, 멀리 가려면 함께 가야 합니다.**

오늘날 어린이나 학생이 없는 교회는 간혹 볼 수 있지만, 노인이 없는 교회는 찾아보기 어렵습니다. 그만큼 초고령교회는 이제 한국교회의 보편적인 현상이자 공동의 관심사가 되었다고 할 수 있습니다. 우리 교회만 겪고 있는 문제가 아니고 이웃교회와 여러 교단이 함께 겪고 있는 문제이기 때문에 서로 머리를 맞대고 협력할 방안을 찾는 노력이 필요합니다.

혼자서 달리면 빨리 가는 것이 가능합니다. 하지만 오랫동안 더 멀리 가려면 다른 사람들과 함께 힘을 모아야 합니다. 결국 "멀리 가려면 함께 가라."는 이 말은 시니어 사역이라는 여정을 지속적으로 잘 감당하기 위해서는 신앙공동체의 협력과 지지, 상호에 대한 배려가 필수적이라는 것을 의미합니다.

이 말의 의미는 여러 맥락에서 이해할 수 있습니다.

우선 교회 안에서의 단단한 '팀워크'를 의미합니다. 시니어 사역자와 지원팀, 봉사하는 스탭이 각자 잘하는 부분을 살려 협력하는 것이 중요합니다. 뿐만 아니라 온 교우들이 시니어에 대한 존중과 사랑의 마음을 가지고 이 일에 참여하도록 해야 합니다. 시니어 사역을 위해 온 세대가 기꺼이 서로의 힘과 자원을 모을 수 있도록 가르치고 안내해야 합니다. 1장에서 교회가 한 몸임을 강조한 것이 바로 이러한 점을 말하는 것입니다.

동시에 이 말은 '지속가능성'을 뜻하기도 합니다. 혼자서 오랜기간 사역을 진행하다 보면 쉽게 지치거나 한계에 가로막히는 느낌을 받게 됩니다. 이럴 때 서로를 격려하고 지지해 주는 모임이 있다면 오랫동안 이 사역을 지속할 수 있습니다. 동시에 이 말은 '관계의 가치'에 대해서도 잘 보여줍니다. 시니어 사역은 일차적으로는 우리 교회의 시니어들을 돕기 위한 것이지만, 이 일을 함께 해나가는 이들의 발전과 성장을 돕는 길이기도 합니다. 하나님이 맡기신 일들을 함께 이루어가는 협력자들과의 관계를 더욱 확장시키는 것은 그만큼의 시너지와 가치가 있는 일입니다. 따라서 필요하다면 지역에 있는 다른 교회나 기관들과도 적극적으로 협력해야 합니다. 관공서나 의료기관과 협약을 맺는 방식도 생각해 볼 수 있습니다. 특별히 시니어 사역을 위해서 인근에 있는 보건소나 치매안심센터, 자원봉사센터와 협력하면 상호 간에 연계할 수 있는 프로그램들이 있다는 것을 알게 될 것입니다.


**셋째, 먼 곳까지 안전하게 이끌어 줄 수 있는 훌륭한 가이드를 양성해야 합니다.**

지금도 지방에 있는 교회들은 사역을 맡길 사람을 찾기 힘든 인력 부족의 문제를 겪고 있습니다. 부교역자들이 사역을 기피하는 현실로 인해 평신도가 부교역자의 자리를 대체하는 현상이 발생하기도 합니다. 시니어 사역의 경우도 마찬가지입니다. 교회가 필요로 하는 수요에 비해서 전문인력의 공급은 턱없이 부족합니다. 다만 후자의 경우가 더욱 심각한 이유는 애초에 시니어 사역에 대한 역량을 갖춘 목회자가 배출되기 힘든 현재의 교육 시스템 때문입니다.

초고령사회로의 진입을 눈앞에 두는 상황임에도 시니어 사역에 대한 전공이나 교육과정이 마련되어 있는 학교는 손에 꼽을 만큼 적습니다. 2024년 현재, 주요 교단 신학교의 신학과 교과목을 살펴보았더니 학교마다 마련된 약 5~60여가지의 전공필수 및 선택 과목 중에서 '시니어' 혹은 '노인'과 직접적으로 연관이 있는 과목은 거의 찾아볼 수 없었습니다. 신학대학원의 상황도 비슷합니다. 서울신학대학교 신학대학원의 경우 170여 가지의 과목 중에서 '농촌목회론'은 개설되어 있었지만, 시니어 목회에 대해 집중하여 배우고 연구할 수 있는 과목은 아직 마련되어 있지 않습니다(서울신학대학원 홈페이지 교육과정 항목 참조). 물론 사회복지학과나 상담학 과정에 노인과 관련된 수업이 개설되어 있는 경우라면 조금이나마 관련된 내용을 배울 수 있겠지만 그러한 전공마저 없는 학교들은 사역자들이 현장에 나와서 직접 몸으로 부딪쳐가며 배울 수밖에 없는 상황입니다.

지금보다 더 나은 시니어 목회 사역을 위해서는 지금부터라도 전문인력을 양성해야 합니다.

시니어 목회를 위한 전문가를 양성하기 위해서는 신학적, 실천적, 정서적 훈련이 조화를 이루는 교육 프로그램과 환경을 조성하는 것이 중요합니다. 다음은 시니어 목회 전문가를 양성하기 위해서 생각해 본 몇 가지 구체적인 방안입니다.

1. 신학교육과 훈련 프로그램의 강화

신학교나 신학대학원에서 시니어 사역을 전문적으로 다루는 교과목을 개발하고 학생들에게 가르치는 것이 필요합니다. 노인학, 노인복지, 상담, 영적 돌봄과 같은 주제를 다루는 수업을 통해서 시니어 목회 전문가들이 대상자들의 필요를 깊이 있게 이해할 수 있도록 도와야 합니다. 특별히 시니어들의 심리적 필요를 이해하고 대응하기 위해 노인 심리학에 대한 세분된 교육이 필요합니다. 노년기 우울증, 외로움, 상실감, 정체성 위기 등을 다룰 수 있는 교육과 다양한 인생 경험을 가진 시니어들을 이해하고 적절히 대응할 수 있는 상담 훈련과 프로그램들이 강화되어야 합니다. 더 나아가 시니어들의 영적, 정서적, 사회적 요구를 보다 자세하게 이해하기 위해서 세대별 차이와 특성에 관한 학문적 연구를 도입해야 합니다. 과거의 사례나 해외의 연구보다는 현재 대한민국 상황에서 시니어들이 직면하고 있는 삶의 문제들(이 장의 서두에서 언급한)과 관련된 신학적 연구와 프로그램의 개발이 활발하게 이루어져야 합니다.


2. 실습을 통한 현장 경험의 제공

시니어 사역 전문가를 양성하려면 현장에서의 실습과 멘토링이 필수적입니다. 시니어 목회를 활발히 진행하고 있는 교회나 시니어 중심의 사회복지 기관에서 실습할 수 있도록 기회를 만들어야 합니다. 경험이 많은 목회자나 사역자들을 연결하여 학생들을 위한 멘토링 프로그램도 함께 운영한다면 더욱 효과적입니다. 또한 실질적인 사역 상황을 시뮬레이션하고 문제 해결 능력을 기를 수 있는 워크숍을 정기적으로 개최하는 것이 좋습니다. 예를 들어 '치매 성도를 돌보기 위한 휴머니튜드(Humanitude) 기법', '시니어 상담을 위한 경청의 기술' 등을 집중적으로 배우고 실습할 수 있도록 하는 것을 말합니다. 이러한 워크숍은 학생뿐만 아니라 기존의 사역자들이나 평신도, 지역주민들에게도 매우 유익한 과정이 될 것입니다.

***휴머니튜드(Humanitude) 기법**

'휴머니튜드'는 '인간다움'을 의미합니다. 휴머니튜드 기법은 프랑스의 치매 전문가인 이브 지네스트(Yves Gineste)와 로젯 마레스코티(Rosette Marescotti)에 의해서 개발되고 발전되어 온 인간중심적인 케어 방법론입니다. 휴머니튜드 기법은 '보다, 말하다, 만지다, 서다'와 같은 인간의 4가지 특성과 인간 본연의 속성에 근거하여 고안된 구체적이며 체계적으로 매뉴얼화 된 돌봄입니다.(참조. 혼다 미와코, 이브 지네스트, 로젯 마레스코티 공저. 『휴머니튜드와 간호』)

3. 시니어 목회 리서치(연구조사)와 전문 콘텐츠 개발

시니어 목회의 효과성과 효율성을 높이기 위해서 시니어들의 실제 요구에 대한 자료와 현장에서 진행된 사역의 결과를 분석하는 연구가 필요합니다. 이와 같은 데이터에 기반하여 보다 현장에 적합한 프로그램과 콘텐츠를 개발하고 현장의 목회자들이 실제로 활용할 수 있도록 제공해 주어야 합니다. 『시니어 에센스 워크북』과 같은 시니어 맞춤형 교재나 성경 공부 자료, 사역 매뉴얼 등 더 좋은 자료들을 개발하기 위해서는 지역별, 규모별, 인구분포별 데이터를 가급적 많은 교회들로부터 조사하여 빅데이터를 만들어가는 리서치(연구조사)가 매우 중요하기 때문에 이를 위한 연구와 지속적인 지원이 필요합니다.

4. 평생 교육 과정의 제공과 시니어 사역 공유 플랫폼 구축

앞서 언급한 것처럼 오늘날 시니어들이 살아가는 현장은 끊임없이 변화하고 있습니다. 시니어 사역도 사회적, 정치적, 경제적, 문화적 환경에 맞추어 발전해야 합니다. 시니어 사역 전문가들에게 평생 교육 기회를 제공하여 최신의 트렌드와 그에 맞는 사역의 방향 및 프로그램 진행을 지속적으로 학습할 수 있도록 지원해야 합니다. 예를 들어 변경된 노인 복지 정책을 이해하고 교회가 이를 어떻게 활용할 수 있는지에 대한 교육을 생각해 볼 수 있습니다. 이를 통해 교회 안팎의 시니어들이 정부의 지원과 복지 혜택에서 누락되지 않고 필요한 정책적 혜택을 누릴 수 있도록 전문가들에게 평생 교육 과정을 통해 역량강화를 시도해야 합니다.

끝으로 시니어 사역 전문가들 간의 네트워킹을 지원하는 플랫폼을 구축하는 것도 대단히 의미 있는 작업입니다. 각 교회에서 진행한 좋은 사역의 열매들이 그대로 사장되지 않고, 살아있는 경험과 지식으로 공유될 수 있도록 나눔의 장을 마련하는 것이 중요합니다. 이러한 플랫폼이 활성화된다면 시니어 사역 전문가들이 서로에게 좋은 영향력을 주고받을 수 있는 최고의 환경을 조성할 수 있습니다.

# 시니어가 행복한 교회

저는 매주 서울과 경주를 오가면서 지내고 있습니다. 주말에는 교회에서 담당하고 있는 유아부와 동안시니어반 사역을 위해 서울에서, 평일에는 경주에 있는 노인돌봄센터에서 치매나 노인성질병으로 어려움을 겪고 있는 어르신들을 돌보고 있습니다. 경주 출신은 아니지만 오랜 시간 경주에서 살다 보니 여느 도시와는 다른 경주만의 매력에 빠지게 되었습니다.

경주는 삶과 죽음이 공존하는 도시입니다.

장률 감독이 연출한 영화 '경주'에서 여자 주인공 윤희(신민아 분)는 외지에서 온 최현(박해일 분)에게 이런 말을 합니다.

"경주에서는 능(陵)을 보지 않고 살기 힘들어요."

실제로 경주에서는 창문을 열면 능이 보이는 곳이 많고, 사람들이 모여서 물건을 사고 파는 시장 바로 옆에도 커다란 무덤이 있습니다. 삶과 죽음의 거리가 바로 지척이라는 것을 매일 확인할 수 있습니다. 요즘 젊은이들이 많이 찾는 '황리단길'에서 가장 인기가 좋은 곳은 소위 '능뷰'가 있는 식당이나 카페입니다. 꽃다운 인생의 시기를 보내는 청춘들이 죽음의 상징이기도 한 누군가의 무덤을 배경으로 사진을 찍고 즐거워하는 모습은 신기한 아이러니입니다.

이렇게 죽음친화적(?) 도시인 경주는 우리나라에서도 손에 꼽히는 초고령도시 가운데 하나입니다. 경주시의 노인 인구 비율은 전체 인구 대비 약 27%입니다. 이는 초고령사회의 기준인 20%를 훌쩍 넘어서는 숫자입니다. 3~40대의 젊은 사람들이 거주하는 몇몇 지역을 제외하면 대부분의 동네는 이 비율이 30%를 웃돌고 있으며, 도심을 조금만 벗어나면 노인 인구 비율이 무려 50%에 달하는 마을도 여러 곳이 있습니다.

노인 인구가 많은 경주에서 일하다 보니 지난 10여년 동안 무척 많은 치매환자를 만나게 되었습니다. 치매환자를 돌보는 가족들까지 포함하면 족히 수백명이 넘는 치매 당사자들을 만나서 그들의 삶을 옆에서 지켜본 것 같습니다.

치매 당사자들을 만나서 이야기를 나누다 보면 자주 듣게 되는 말이 있습니다.

"우리 부모님이(혹은 나의 배우자가) 치매에 걸릴 줄은 몰랐다."라는 이야기입니다. 치매가 무섭다는 이야기를 많이 들어왔음에도 불구하고 '먹고 사는 것이 바빠서', 그리고 '설마 우리 가족이?'라는 마음으로 평소 치매에 대한 대비나 공부할 생각은 미처 못했다는 분들이 대부분이었습니다. 사람들이 가지고 있는 두려움의 크기에 비해서 치매에 대한 객관적인 정보와 지식은 여전히 부족한 것이 우리 사회의 현실입니다.

그런데 이러한 노력과 관심의 결핍은 단지 치매에만 국한되는 것이 아닙니다. 우리 모두에게 다가올 '노년기의 삶'에 대해서도 마찬가지입니다. 과거에 비해 기대수명은 늘어났고 은퇴 이후의 삶이 무척 길어졌습니다. 그럼에도 불구하고 인생의 1/3에 가까운 노년기의 삶에 대한 준비나 구체적인 공부는 여진히 충분하지 않습니다. 노후대비를 해야 한다는 것은 알고 있지만 무엇을 어떻게 해야 하는지 가르쳐주는 곳도, 물어볼 곳도 마땅치 않습니다. 어르신들 가운데에서는 '스마트폰을 들고 노후와 관련된 영상들을 몇 편 찾아보고 나면 노후준비를 하기에는 이미 늦어버린 것은 아닌가 하는 씁쓸한 마음이나 답답한 한숨만 늘어난다.'라고 말하는 분들도 있습니다.

교회 안에도 이런 고민을 하는 시니어들이 많이 있습니다. 그리고 그 숫자는 점점 늘어나고 있습니다. 하지만 정작 시니어들을 위한 목회 프로그램이나 전문 사역자는 그 수요를 따라가지 못하고 있습니다. 이러한 사실은 목회데이터연구소와 같은 조사기관의 발표자료를 통해서도 확인할 수 있습니다. 물론, 독거어르신을 위한 반찬봉사나, 노인대학, 취미·동아리활동 같은 프로그램을 교회에서 운영하는 사례들은 찾아볼 수 있습니다. 그러나 교육목회적 관점에서 시니어들의 영성과 삶을 생애주기적 접근으로 풀어내려는 시도는 찾아보기 힘들었습니다. 바로 이 지점에 대한 고민이 이 책의 출발점이 되었습니다.

노인복지 현장경험을 가진 전문가로서, 교단교육교재개발과 교육목회의 경험을 가진 교육목회자로서 교회에 실제 적용이 가능한 시니어를 위한 사역 과정을 개설하기 위해 여러 시도를 하였습니다. 일상의 많은 부분이 멈추었던 코로나19 팬데믹 동안, 노년의 삶을 활기차게 살아가고, 남은 삶을 멋지게 마무리하는 데 도움 될 실용적인 정보와 자료들을 모으는 것을 시작으로, 노화, 노후준비, 치매, 시니어 트랜드 등 관련 주제를 다룬 책들과 강의를 적극적으로 공부하였습니다. 특별히 한국영성노년학연구소의 영성노년학 전문과 과정(PCSG)은 이 분야의 지식과 경험이 많은 교수님들을 통해서 큰 도움을 받을 수 있는 기회였습니다. 이 과정에서 어려운 순간도 있었지만, 담임목사님의 전폭적인 지원으로 고비들을 잘 넘길 수 있었습니다.

이러한 연구 끝에 주제별 강의안 구성 작업을 하나씩 진행하였고, 2023년 2월, 드디어 '동안 시니어반'이라는 교회의 시니어 교육을 개설할 수 있었습니다. 교육에 참여한 시니어들은 매 시간 높은 출석율과 적극적인 참여로 반응해 주었습니다. 총 3학기의 시니어 과정을 운영하면서, '각 교회의 상황에 맞는 시니어 목회 프로그램이 반드시 필요하다!'는 확신을 갖게 되었습니다. 시니어 참가자들로부터 '실제 노년의 삶에 많은 도움이 된다'는 반응들과, '다음 과정이 기대된다', '힘이 생긴다'는 피드백을 받을 수 있었기 때문입니다. 연로하신 어느 권사님이 이 과정을 진행하는 중에 하나님의 부르심을 받기도 하셨는데, 평소 친하게 지내시던 다른 분으로부터 '동안 시니어반에 참여하고 돌아가신 것이 얼마나 큰 축복이고 다행인지 모른다' 라는 이야기를 들었을 때는 '이 사역이 누군가에게는 지금 당장 필요한 사역이구나!'라는 생각이 들기도 했습니다.

이렇듯 시니어 목회를 위한 필요성과 지침이 『시니어 목회 에센스』에 담겼습니다. 이어 시니어 에센스 교육과정을 보다 더 전문성을 가진 연구자들과 함께 '감사'-'소명'-'소망'의 틀에 담아, 한국교회 시니어 성도들의 삶을 위한 귀한 『시니어 에센스 워크북 시리즈』 교재로 출간하고자 합니다. 많은 분들의 수고와 섬김으로 빛을 보게 된 시니어 에센스 교육과정과 교재들이 부디 빠른 시일 내에 여러 교회의 목회 현장에서 요긴하게 활용되기를 바랍니다. 시니어 에센스를 통해 배운 내용들이 상실과 무기력에 빠져 있던 노년의 삶을 깨웠으면 좋겠습니다. 더 많은 시니어들이 활기찬 웃음을 머금을 수 있기를 소망합니다. 하나님의 부르심을 받는 마지막 순간까지 이 땅에서 허락된 여정이 행복할 수 있기를 바랍니다. 노년기의 아름다움을 발견하고 날마다 행복한 소명의 삶을 살아가는 성결한 시니어들을 통해 이 땅에 부흥의 불길이 다시 타오르게 되기를 간절히 소망합니다.

동안교회 교육담당 이우섭 목사

# 참고도서 및 자료

## 단행본


David Solie. (2021). *나이 든 부모의 마음을 이해하는 대화 수업*. (김미란 역). 반니. (원본 출판 2004).

Dunlop, John. (2020). *은혜의 눈으로 치매 환자 대하기*. (장보철 역). 새물결플러스. (원본 출판 2017).

Eugene Peterson. (2011). *유진 피터슨*. (양혜원 역). IVP. (원본 출판 2011).

Gineste Yves/ Marescotti Rosette. (2019). *가족을 위한 휴머니튜드*. (이인숙, 진영란, 이윤정, 임은실 역). 대광의학. (원본 출판 2007)

Henri J. M. Nouwen, (2007). *영성수업*. (윤종석 역) 두란노. (원본 출판 2006).

James Allen. (2024). *생각의 연금술*. (송은선, 함희영 역). 포레스트북스. (원본 출판 2024).

Keller, Timothy. (2020). *죽음에 관하여*. (윤종석 역). 두란노, (원본 출판 2020).

Nouwen, Henri J. M./ Gaffney, Walter J. (2014). *나이 든다는 것*. (최종훈 역). 포이에마. (원본 출판 1976).

Richard P. Johnson. (2022), *시니어 돌봄 사역*. (김기철, 임정아 역). ISG, (원본 출판 2014).

Richard P. Johnson. (2023). *나이를 잊고 사는 삶*. (김기철, 이성덕 역). ISG. (원본 출판 1998).

Scott Cormode. (2024). *혁신하는 교회*. (윤종석 역). 두란노서원. (원본 출판 2020)/

Stevens, R. Paul. (2018). *나이듦의 신학*. (박일귀 역). CUP. (원본 출판 2016).

Tia Powell. (2023). *치매에 관한 새로운 생각*, (제효영 역). 브론스테인.(원본 출판 2020)

ポプラ社編集部. (2024). 사랑인 줄 알았는데 부정맥. (이지수 역). 포레스트북스.
    (원본 출판 2012).

고려대학교 고령사회연구센터. (2021). *2022 대한민국이 열광할 시니어 트렌드*.
    비즈니스북스.

김순옥. (2023). *초보 노인입니다*. 민음사.

노원석. (2022). *시니어 상담*. 한국성서유니온선교회.

백만기. (2017). *마흔에 시작하는 은퇴공부*. 비전비엔피.

설은주, 안미영. (2013). *하나님과 함께하는 행복한 노년의 여정*. 샬롬.

양병모. (2023). *노년기 목회돌봄과 상담*. 맑은샘.

奥眞也. (2023). *모두가 늙었지만 아무도 죽지 않는다*. (이소담 역). RHK. (원본 출
    판 2022).

전영수. (2018). *한국이 소멸한다*. 비즈니스북스.

정기룡. (2023). *초고령시대의 고령자대책*. 전남대학교출판문화원.

정지원, 유지은, 염선형. (2022). *뉴그레이*. 미래의창.

정희원. (2023). *느리게 나이 드는 습관*. 한빛라이프.

조장호. (2021). *나이듦의 영성*. 한국성서유니온선교회.

佐藤眞一. (2024). *고령자씨, 지금 무슨 생각하세요?*. (우윤식 역). 한겨레엔. (원본
    출판 2022).

총회교육부. (2010). *BCM부모에센스 I , II*. 기독교대한성결교회 출판부.

총회교육부. (2016). *BCM성결교사 베이직*. 사랑마루.

총회교육부. (2018). *'성결한 그리스도의 몸' 교육목회 커리큘럼*. 기독교대한성결
    교회 교육부.

총회교육부. (2021). *신앙고백서 및 교리문답서*. 사랑마루.

최학희. (2024). *시니어 트렌드 2024*. 시대인.

## 미간행물 및 기타자료


KB국민카드. (2023. 5. 21.). 시니어 소비 크게 늘어… 2040보다 더 많아. KB국민
카드.

    [온라인 자료] https://www.newsworks.co.kr/news/articleView.html?idxno=
715487.


공익광고협의회. (2005). 출산장려−이런 모습, 상상은 해보셨나요?. 한국방송광
고진흥공사.

    [온라인 자료] https://www.kobaco.co.kr/site/main/archive/advertising/5/
1228?cp=36&pageSize=8&sortDirection=DESC&arcUse=　true&arcCate−
gory=5&metaCode1=print&adtDefaultYear=false


곽창렬, 김하경. (2023. 7. 21.). 정년없는 시대… 일하는 80대 '옥토제너리언'이 온
다. 조선일보.

    [온라인 자료] https://www.chosun.com/economy/weeklybiz/2023/07/13/
K6ZWL5ZLUVFTHGKPK3AETL45TI


구무서. (2022. 6. 14.). 극단선택 OECD 1위 '불명예'…코로나 블루에 더 늘수도. 뉴
시스.

    [온라인 자료] https://www.fnnews.com/news/202206141200286033


김영희, 정종훈. (2024. 1. 30.) '무임승차 공약에…"늙었단 체감 안 돼" 노인 연령
상향도 불붙나. 중앙일보.

    [온라인 자료] https://n.news.naver.com/mnews/article/025/0003338546

김준영. (2024. 7. 11.). '초고령사회' 현실로 다가왔다…"5명 중 1명이 노인". YTN.
[온라인 자료] https://www.ytn.co.kr/_ln/0134_202407111559013467

김진영. (2024. 8. 13.) 한국교회 부흥 경험한 시니어 성도, 돌봄 대상 아닌 사역 주체로. 기독일보.
[온라인 자료] https://www.christiandaily.co.kr/news/137982

남해타임즈. (2019. 10. 28.) 남해해성고 "당신의 청춘을 들려주세요". 남해시대.
[온라인 자료] http://www.nhtimes.co.kr/news/articleView.html?idxno=47596

대한민국 정책브리핑. (2021. 11. 17.). 지역사회 통합 돌봄(커뮤니티 케어). 문화체육관광부.
[온라인 자료] https://www.korea.kr/special/policyCurationView.do?newsId=148866645#policyCuration

목회데이터연구소. (2022. 4. 26.) 넘버즈 리포트 141호, "코로나9 이후 농어촌교회 현황". 목회데이터연구소.
[온라인자료] http://www.mhdata.or.kr/bbs/board.php?bo_table= korea-data&wr_id=193

목회데이티연구소. (2022. 9. 6.). 기독교 통계(159호)- 고령 교인의 신앙생활 및 인식 조사. 목회데이터연구소.
[온라인 자료] http://mhdata.or.kr/mailing/Numbers159_220906_A_Part.pdf

목회데이터연구소. (2023. 3. 9.). 일반사회통계(182호) – 한국 노인의 죽음 준비.
목회데이터연구소.

[온라인 자료] http://mhdata.or.kr/mailing/Numbers182_230307_B1_Part.pdf


목회데이터연구소. (2024. 8. 13.). 기독교 통계(251호)– 고령 교인 신앙과 시니어
목회 실태.

[온라인 자료] http://mhdata.or.kr/mailing/Numbers251_240813_A_Part.pdf


목회데이터연구소. (2024. 9. 24.). 기독교 통계(256호)–기독교인의 생애주기별
신앙과 욕구. 목회데이터연구소.

[온라인 자료] http://www.mhdata.or.kr/bbs/board.php?bo_table=gug-
nae&wr_id=130


문성준. (2024. 8. 13.). 지난해 우리나라 노인 인구 18% 차지… 50년 후엔 '절반'.
포커스데일리.

[온라인 자료] https://www.ifocus.kr/news/articleView.html?idxno= 238087


문승용, 김경은. (2023. 5. 16.) 대한민국은 행복한 노후를 맞을 준비가 되어 있습
니까. 이데일리.

[온라인 자료] https://m.edaily.co.kr/News/Read?newsId=01213606635609
576&mediaCodeNo=257


문혜성. (2023. 9. 18.). 교회 어르신들, 행복 찾으러 오세요. 한국성결신문.

[온라인 자료] https://www.kehcnews.co.kr/news/articleView.html?idxno
=147191

문희철. (2024. 7. 11.). 65세 이상 주민등록인구 첫 '1000만명'돌파… 국민 5명중 1명은 노인, 중앙일보.

  [온라인 자료] https://www.joongang.co.kr/article/25262821

박상일, 간민주. (2015. 4. 21.) PD수첩-짤짤이 순례길을 아십니까?. MBC.

  [시사] https://youtu.be/n0rsnB93Ums?si=kTaH0hsPCLI8ILXU

박태홍. (2023. 1. 1.). [전환기 대한민국, 위기 넘어 미래로] 연금 개혁 더 미룰 수 없다. 메트로신문.

  [온라인 자료] https://www.metroseoul.co.kr/article/20230101500193

빈정현, 신현주. (2023. 7. 13.) 다큐멘터리 K-인구대기획 초저출생 10부. EBS.

  [다큐멘터리] https://youtu.be/TYJPsxXPIjk?si=7FopK1ssxGAwlN2n

오진송, 김민지. (2023. 12. 19.). "76세 이상 2명 중 1명은 '가난'… 노인 빈곤율 또 OECD 1위".

  [그래픽]. 연합뉴스. https://www.yna.co.kr/view/AKR20231218116 200530

원형민, 안예지. (2023. 9. 26.). 고령인구 전망[그래픽]. 연합뉴스.

  [온라인 자료] https://www.yna.co.kr/view/GYH20230926001500044

위키백과, 오토 폰 비스마르크.

  [온라인 자료] https://ko.wikipedia.org/wiki/%EC%98%A4%ED%86%A0_%ED%8F%B0_%EB%B9%84%EC%8A%A4%EB%A7%88%EB%A5%B4%ED%81%AC

이미정, 이주희. (2023. 8. 4.) 지방소멸 아닌 '지역재생' 어때요?. 시사위크.
  [온라인 자료] https://www.sisaweek.com/news/articleView.html?idxno=
  206859

이은영. (2023. 7. 24.) 우리는 80대에도 일을 하게 될까요? 정년없는 사회!. 오픈
애즈.
  [온라인 자료] https://www.openads.co.kr/content/contentDetail?contsId
  =11285

이재윤. (2022. 7. 26.). 평균 기대수명 추이[그래픽]. 연합뉴스.
  [온라인 자료] https://www.yna.co.kr/view/GYH20220726001900044

이지현. (2017. 6. 23.). 이지현의 기독문학기행-천상병… 세상 소풍왔다 떠난 자
리, 감사를 남기다. 국민일보.
  [온라인 자료] https://www.kmib.co.kr/article/view.asp?arcid=0011564026

이현정. (2019. 10. 3.). 40세 이상 성인 41%만 '죽음 대비'… '작은 장례식 염두' 92%.
서울신문.
  [온라인 자료] https://www.seoul.co.kr/news/newsView.php?id=201910040
  20015&wlog_tag3=daum#csidxa8d0a400157383987abebbaf8a526e7

장익재, 최재형. (2016. 12. 1.) 평균 와병 기간 9.1년…현대인들의 현실. SBS.
  [온라인 자료] https://news.sbs.co.kr/news/endPage.do?news_id=N1003916908

정종훈. (2024. 1. 31.). 43년 전 만든 기준인데 '65세이상=노인' 언제까지, 중앙일보.
  [온라인 자료] https://www.joongang.co.kr/article/25225756

정혁수. (2024. 5. 15.). 초고령사회 늘어난 지구촌… 신성장산업으로 뜨는 이 산업은?. 머니투데이.

    [온라인 자료] https://news.mt.co.kr/mtview.php?no=2024051511054962727&cm=news_headline

차민주. (2023. 10. 10.). 노인 우울증 처방 작년 74만명… 5년째 가파른 증가세. 국민일보.

    [온라인 자료] https://www.kmib.co.kr/article/view.asp?arcid=0924324390

총회교육부, (2021. 3. 3.) BCM 교육목회 시스템의 목회적 적용, 총회본부 교육국.

    [온라인 자료] http://www.eholynet.org/

한국생명존중희망재단. (2023. 6. 26). 2023 자살예방백서, 보건복지부, 한국생명존중희망재단.

    [온라인 자료] https://www.kfsp.or.kr/web/board/15/1100/?pMENU_NO=249